大展好書 好書大展

大展好書 好書大展

序　言

有某些信仰者說：「耶穌是僞善者；釋迦牟尼是古代人。」因此，他們誤認爲唯有將自己的信念轉嫁至其他事物上，這才是自救之道。於是，這些人們的信仰就陷於獨善己身了，而他們的視界也就變得狹小短淺。然而，這卻是古今都曾發生，而不曾有所改變的。但是，如此一來，便對信仰產生了誤解，也造成了蔑視信仰的風潮；這些都是因爲對信仰不明瞭所導致的。

正確的信仰，應是要彼此忍讓、多協調，並要懂得去服務人群、社會；而非一味地誹謗信仰。信仰的基礎是建立在要能認定神、佛之真義，並要與神、佛一樣有悲天憫人的一體觀。

如此，才不會發生爲了信仰而爭鬥的事件。

正確的信仰是由對事物的理解而開始的，並且經由深刻的理解，才可明辨事物的虛僞與真實，也才可由惱人、不可解的人生轉爲具有智慧的人生。光明和安心才可創造出此世間最迫切需要的和平，而光明和安心也是天地間的基礎。每個人都希望世間能有永久的和平，因此，和平才是正常信仰的目的，也唯有真正和平，才是彼岸，可令人真正地了卻煩惱，對於人生才能有所領悟。

本書主旨在於，希望我們眾人能共同來思考關於虛僞與真實這個問題，並希望能獲得事物實相的線索。本書也試著將這些資料做了番整理歸納。並題名爲『假相與實相』。所謂假相是指不具實體的事物、迷惑的事物、痛苦的事物、變化的事物及無常的事物而言。實相是指具有實體的事物、平安的事物、不變的事物及第一流的事物而言，也就是所謂的愛。

第一章探討的是有關成就釋迦牟尼之完人典範，即「四諦的道理」；並研究苦與迷思是因何而生？並試著考慮過關於能使人安心的潛在事理。在第二章，將所有焦點朝向現實的問題，試著去辨別假相與實相。

在我們眾人中，這兩種相是同時存在的，於是有了安心與不安；然而，這二者又合爲一，因此，另一個自己變成了主人，但是，如果能因此而得到與神相通的基礎，那就太幸運了，如此一來，人便可獲得安心，如果能夠廣佈世間，推己及人的話，那麼我們的世界應可成爲較客觀性的天堂之國。

目錄

第二章　假相與實相……一二三

第一章　四諦的道理

1 苦諦

人生猶如行進中的腳踏車

在我們的日常生活及工作上，常受一些感覺性的事物所影響，而產生某些轉變。受眼睛所看到的事物、耳朵所聽到的聲音，以及自己或他人的言辭之影響很大。即使說一天裡有大半的時間都是如此過的，也並非誇大其辭。

人生如果被感覺所左右、擺佈，就會不安與迷惑，並且很難擺脫此種心境，如此一來，便無法獲致永久的安心與放心。人生是短暫的，因此，有時在一日的人生中所做的決定，或發生的事，便會影響到你永久的人生。

爲了要渡過安樂，無憂苦的人生及調和的生活，唯有理解這人世間的真相；不爲泡影般易消逝的假相所迷惑，如此才可達成。正因爲這個原故，所以我們必須要明確地區分實相與假相。然而，至少要以建立一個不爲感覺所左右，不隨波逐流的自我爲目標。

的人生是短暫的，如果能在這短暫的人生中去瞭解人間的實相，並由此實相中尋找出正確的生存之道，那麼，你的人生必定能充滿平安與喜悅。

那麼，到底我們應該要依據什麼來區分實相與假相呢？首先所要列舉的是釋迦的人間觀。釋迦的佛教，目前分為許多的流派，也因此，其教義之理論依據愈趨混亂、模糊。然而，作者在「四諦的道理」中，發現了釋迦的理論依據，並認為假相與實相其基本上之不同點，即存在於這「四諦的道理」之中。並且認為這就是釋迦的人生觀。因此，我們首先所要深刻去瞭解的就是蘊藏於其間的道理。

筆者並認為「四諦的道理」可讓我們明瞭，我們是為何而迷惑？又，該如何才可得到幸福？

如眾所周知的「四諦的道理」是由苦、集、滅、道這四種諦觀是經由釋迦冷靜、仔細觀察所獲致的真理所形成的。然而，這諦觀的諦有想開、達觀的意思，但是，如果你不能真正地明白事物道理，那麼，也就無法真正體會出想開、達觀的真義了。

四諦明白地闡述著四項道理，並道出了人之所以會苦、迷惑之原因，而且明白地告訴了我們要去除這些原因的方法。

「苦」就是迷惑與痛苦

「集」就是一切苦的原因

「滅」就是滅絕這些原因

「道」就是引領人們走向幸福之道

真正地瞭解四諦的本質及結構，那麼，就可將我們的人生由假相的世界，引導至實相的世界，如此，我們就可找到區分假相與實相的基礎點。

在此，先由苦的迷惑來做說明。

所謂的「苦」是什麼呢？如字面的意思，苦就是痛苦、就是迷惑。對於不知明日命運將如何轉變的人們而言，人生確實是迷惑不可解的。而，這些無法預知的不幸、災難、病痛才可說是苦。不僅如此，人到底是從何而來，又將往那裡去；死後的一切也不可知，然而，即使人生充滿迷惑與痛苦，卻又無法遠離這紛擾的俗世。如此一來，人就會更加地迷惑，就更無法遠離這現實世界的緣。

苦的原因，可說是來自於你與這紅塵俗世間的緣。由於各種「緣」的牽連，於是所受到的苦與迷惑的羈絆也就更強烈。

在梵語中所謂的「緣」又名 **Pratyaya**，所謂的 **Pratyaya** 所指的是間接的原因。例如：人與人之間的相遇、結婚、工作，乃至於幸與不幸，常有人認爲這些都是偶然所引起的。然而這般的偶然不僅大大地改變著人的一生，也是造成迷惑、痛苦的原因。

另外，還有「緣生」這個語辭。所謂「緣生」是指「人、事、物之間的關係，成立及產生」，緣生中有佛緣、法緣，但所指的多爲苦緣。

舉例來說，因說媒而相識的即「彼此相互間的關係」，順利地結了婚即「事物之成立」。有家庭、養兒育女即「人之誕生」。因此，所謂的「緣生」可說是由男女間的關係所產生的。而男女間最初之關係，是爲相遇；也可稱爲「緣談」或「緣組」。然而，「緣談」、「緣組」原本應該是快樂人生的出發點，但是，實際上卻成了人生的迷惑與痛苦的繁殖地。

事實上，試著去回顧人生看看，原本應是快樂的婚姻生活，會因人與人之相遇、工作及各種生活瑣事，而未必會充滿喜悅。有時，反而會帶來一連串的痛苦。人活著時就如同騎著一部腳踏車似的；如果你不去踩踏板就會有跌倒的危險，然而，當你要爬坡的時候，更是不能停止兩腳的運動，唯有如此不斷地往前，才可稱爲人生。如此的人生的確猶如在操縱著一部自行車；這似乎也可說是爲了生存的一種苦行。

形成這般的人生，「緣」是原因之一，而這許許多多的痛苦與迷惑即是佛教觀。

造成「苦」的間接原因，共有十二項，在佛教中稱爲「十二緣起」。所謂的十二緣起是由十二項間接原因所形成的。而且各有其形成的原因及結果。這些因、果也會不斷地重複著，這就是苦的輪迴。

無明　行
識　名色
六處　觸
受　愛
取　有
生　老死

關於十二緣起，釋迦本身是否曾做過系統化的說明，如今仍有疑問。可能是後世的佛教子弟根據如是我聞（據我所知是由佛陀所講解的），於是弟子們將他們所聽到的彙編成一教義，並將其理論化。
然而，就實際上而言，十二緣起之系統化是相當好，因爲這些理論如果要和釋迦所闡釋的佛理一氣呵成、前呼後應，就須將其系統化才可達成。
在此，如果我們能夠看出痛苦與迷惑之間的因果，是如何地描繪苦的現象的話，那麼，我認爲「假相」的實態就會更加清楚地顯露出來了。總之，苦所指的就是假相的世界。

和平生存來自於充滿鬥爭的競爭中

首先要談論的是關於「無明」。所謂無明指的就是無知之意。而所謂的無知即事物模糊不清。並且有將事物顚倒判斷、產生偏見之意。
在這世間對事物的看法，對於人之「生存」立了某些準則，於是這種當人活在世俗間如果能死得光榮的想法，便牢固地支配著我們。一切的議論、一切的想法和行動，當人死後，便毫無任何意義了。即使是十惡不赦的惡人，當他死後，就不會有人再去追究他的罪行了。
但是，另一方面，在「生存」上所訂的一切準則，實際上，反而是一切災難的根源。導致了人與人的相爭、執著、憎恨及貪婪。

釋迦為了要斷除這世間的因緣而出家，並將自己置於「生存」環境惡劣、窘迫的環境中的理由，由此便可瞭解了。而無法斷除此世間因緣的世俗人，在「生存」上其想法和行動，便會處處受到束縛、牽制，所以更無法擺脫了。有了孩子，便為子女煩憂，有了地位，他的心便為名譽所左右，為了面子和立場的問題而左右為難。

生存上所受的因緣羈絆，如愈加執著，就會給自己訂下更多的準則。換言之，一切事物之緣生緣起，都因自己將事物視為「有」的想法所支配。

因緣生、緣起而產生的「無明」的道理，就是以此為基準，而擴展開來的，也正因為如此，而使的人更無法超脫。

所謂顛倒妄想之佛教用語，就是將事物顛倒過來看，即，把腳踩在大地上行走的話，則不會覺得很勞累，但是，一個人若倒立行走的話，就會感到痛苦、難受了。然而，如果因此而死亡的，可稱呼此死者為「陀佛」。那是因為世人總是顛倒妄想，與悟道的佛陀行徑相反，於是將「佛陀」兩字顛倒過來寫，而稱為「陀佛」。

「生存」之思考，其原因爲「緣起」，並由此產生了「無明」。然而，這一切都是空的。在「緣起」的彼岸是沒有喜、怒、哀、樂的藍空。其實，存在於此的唯有事物真實的一面。因此，如果你過著與此佛陀的教義相反的生活方式，便會爲你帶來痛苦。或者，你對於充滿喜、怒、哀、樂的生活方式存有任何幻想，那麼，只會爲你帶來更多的迷惑。「無明」就會緊跟著你，令你難以擺脫。

「無明」產生的原因，乃「行」的生活行爲，「行」是「無明」的結果。

隨著四季的轉變，萬物也會有所變化，而人也一樣無法擺脫生與死的變化。一位居住在破爛粗糙屋子裡的老婆婆，她如熟睡般地死去了，然而他所遺留下來的遺產，卻有好幾億，如此富有的資產家，應該是可以過著極爲富裕的生活，我認爲當時一定有很多人會如此想，並且被老婆婆的死狀嚇到；然而，卻不會爲她的處境感到傷心、難過，而這樣的新聞，也很快地就被人們所遺忘了。

堆積起來而又毀壞、毀壞後又再堆積起來的賽的河灘，筆者原以爲冥河河灘（據說是兒童死後靈魂前往受難的冥土，兒童亡魂為了供養父母堆石造塔，卻不斷為鬼所破壞）指的是來世的地獄，卻聽人說是現世生活的比喻，不覺大吃一驚。有關死後的地獄圖是人間的剪影，在人死後的世界裡，根本是不存在的東西。這又是為什麼呢？

因為地獄只是人們想像出來的一種產物。因為此種顛倒妄想的思想和行動，會因人們想像的結果，而又轉移至死後的世界，因此，那些描述著死後的地獄圖，可說是人世間的延續。

因此，撒旦及惡魔都是人們自己幻想出來的。現世多的是餓鬼、畜生、阿修羅、咒唸，他們是地獄的寫照。而他們當中的頭目或頑固者，可以說就是撒旦及惡魔。當你為死後的地獄而恐懼之前，應把自己在人世間的心，仔細的看清楚，這才是先決條件。那麼，在自己的心中是否存有製造地獄相之因子，如果沒有的話，那麼你死後的世界將不會是地獄，死後將可到一個與你心靈所想的一樣的世界去。

但是，當我們生存上的思考或行動，被邪惡的事物所左右時，我們的心靈就自然而然地會去幻想著一些近似地獄景況的影像。而當我們狂怒、不分事理，仗著惡勢力，毀謗公理正義時，地獄的僕役就會接近我們的身旁。

當人心在碰觸到攸關「生存」的問題時，這些地獄的僕役，就會靠近人們的身旁。此時，他們會幻化作鬼或蛇來引誘人們。「生存」的心會產生自我，而自我會變爲對立的心。

還有，自我的心是可以變幻自如的，並且會因人而有不同的改變。當我們心情不佳時，如果我們仔細去觀察這一天內變化無常的心靈，我們便可想像到自己的心靈猶如迷失於針山般的地獄圖中。

如此生存的自我，在人間一定會沈淪、墮落在不知不覺中，就會開始在冥河河灘上堆石塊，在不知不覺中讓自己徘徊於針山之中。如此一來，即使在人間也要在困苦中掙扎，死後也要在自己所幻想的地獄中，迷惑、痛苦。

回顧一生，人生就如泡影般，殘存於泡影中的只有自我的意識及等待死亡而已。

由於肇因於無明的「行」——生活行爲，是無明的無限延長，故生活行爲上的知識和觀念，就趨於冥頑不靈。而此無明的行爲餘勢，積聚成爲生命之流的主體，即爲「識」。

也就是說，「識」是「行」的結果而被形成的。與「生存」有關的知識及觀念，而且，地上的生活基準也是由此而產生的。

如今，我們所居住的地域是稱為台灣的島嶼，並且由所謂的中華民國憲法的法律，來保障、拘束著。而且，我們可依據此憲法的保障，避免受到暴力的侵襲，然而，關於「生存」的想法是由憲法而來的。我們可列舉出憲法的前文，並試著去思考一下我們剛剛所述的。

「……我們要維護和平、並且要讓專制和奴隸壓迫的事件從此土地上永遠地消失，在國際社會上希望能受到其他國家的尊重，並且在國際地位上，能占有一席之地。並要努力促使世界上所有的人都能免於恐怖和匱乏，並要使所有的人都能在和平中，確實擁有其生存的權利。……」

那麼，希望各位能注意「生存的權利」；而且，這「生存的權利」是所有以憲法為基礎的法律之大綱，國家需要盡保護人民之財產、生命、安全之責，然而，人民對國家也要盡其應有之義務。法律原是以人為主的。因此，不以人為提前來考慮的法律，是不能獲得認同的。因此，法律的條文毫無疑慮的，當然是要以人之「生存」為前提。

然而，在此，我所想要說明的是，因爲緣起而產生的生存之權利，這是憲法所規定並受憲法保護，並且根植於我們的意識裏，不容易從我們的意識層中予以根除。

和釋迦所說的「空」，不同的世界就成了現實的營生。由釋迦所說的「空」的立場來看「生存」的權利，則和憲法的規定毫無關連，而且很顯而易見的就是，即使在和平中，也無法獲得進展。

我們通常會把法律的結構和信仰、倫理的世界列爲同等地位來考量，這原是很勉強的事，然而，我們的各種知識及觀念，與釋迦所謂的「空」毫無關係，牢牢地被束縛在緣生的羈絆中，而無法擺脫，從這裡也產生出我們不得不思考的問題。

生存的迷惑

在苦的緣起之中，「識」的問題最爲重要。在此，我更詳細地說明。

事物之開始通常是人們心中有某一思想，而事物之發生是由於人們要採取某一方法，付諸行動。一切的現象，可說是以想念之思考爲基本的。

然而，思考的範圍或是使我們打定主義的要素，是已成爲知識的觀念。

對這些已成爲知識的觀念，人們也會因其喜好、想法之不同，而有不同的感受，人之性格、待人處世、接物的方式及想法、思考方式之不同，就會蘊育出各種品性不同的人們。

佛教很重視這一點，而人們此種因人而異的思考上的差異；佛教教義中認爲是因輪迴轉世而產生的「緣生」。雖說是父子，也會有所不同的，如：意見之對立、爭執、或嗜好之不同都是由此而來的。想必任何人在此方面，都會有過如此的經驗。

在俗世間的人們把這些差異稱爲「魂」，因爲魂的差異，人的品性也就會有所差異了。

還有，有人生於富豪之家，有人出身寒微，這也是因轉世的差異而帶來的結果。規律著人們各種思考及行爲的範疇，不容輕易改變，就是基於此項理由。

如此一來，從某種意義上來說，此種把先天要素加入已成爲人間知識的既成觀念，會限制人們時時刻刻湧現腦海的念頭及思考行爲。並會讓我們把此觀念付諸行動，因此，在此所說的「識」的重要性可說是非常重大的。

在這些知識及既成觀念中，有些是由合於道理、法治及真理、事實而衍生出來的。合乎「愛」及「調和」之中道的事物就可算是正確的知識。然而，由「生存」所衍生而來的相對意識（對立的想法）會成爲有所偏頗的知識，因此，要遠離人所公認的幸福是不正確的。

然而，我們來到人世間，就會被這世界的環境、習慣、風俗所影響，於是我們會去累積、吸收這方面的知識；而當我們再度來到這人間時，這些知識就會同樣地與前世的既有觀念，被人們再次地運用，然而，因爲要限定思考的範圍，所以便會產生某些問題。換言之，即不斷地重複著苦的緣起。

由於像這樣地連續著的緣起，會加深「無明」的程度，因此要限制「行」之生活行動，所以會更加地脫離真實；於是會製造出各種的業障，也會使人因而墮入難以挽救的苦界。

原本善與惡、生與死是沒有分別的，然而，因爲相對意識的蔓延而被加以區分開來，把死當做壞事，而執著於保存自我的生命。

有某一戶農家，他們自己食用著不撒農藥的蔬果，然而卻把撒有很多農藥的蔬果食品運銷到市場上去；還有些醫生爲了自己的名望及利益，隨意爲患者施行手術，有些實業家認爲自身的出息發展就是對社會的一種貢獻，因而，重複著無益的殺生。

處於此種環境及團體組織中，人們在不知不覺中學會了相對意識，而那些不願追求現世利益的人們，便被當成一群傻瓜。

如此一來，我們的知識及觀念裡，就會灌輸入愈來愈多的相對意識，於是便會墮入追逐幻境的苦界裡。也就是釋迦所說的「無常」，而無常之基礎即爲脫離中道的「識」。

以人的肉體爲首要，人間的榮華富貴猶如拍岸的浪花般，是不會長久的，泡沫般的人生，你愈是用生命去下賭注就會變得更加「無常」。

因此，所謂苦之緣起的來源，可說是來自於，透過轉世投胎所產生的有所偏頗的知識及前世既有之觀念的「識」。這是值得我們去思考的問題。

其次，因「識」所產生的緣起即爲「名色」。

所謂的名色即指精神上及物質上的迷惑。如果你擁有了名望和技術，這些便會束縛住你本身的自由。如果你有了積蓄、財富，就會害怕，怕引來盜賊；二者的道理是相同的。

而且，即使是夫婦、工作、交友，也常會令你感到不安及迷惑，與生存有關的意識便會產生作用，而生病、失敗大概不會被嫌惡吧，如此種種的疑慮，會逐漸地潛藏在你的心裡，於是對信賴所產生的不安，便難以排解。這可說是擁有肉體者的宿命吧！然而，當你的意識偏離中道時，便爲你帶來不安的。

我認爲對於生及生存所產生的迷惑是有很大的差別的。例如：爲了達成某一目的，當然要付出努力。然而，對於自己所付出的努力如果太固執的話，那麼你所達成之目的，其結果，會與你先前所想的差距甚遠。

筆者從前曾由於太固執去要求結果，發憤努力。而當付出努力，獲得結果時，確實感到滿足，並且想將此事告知友人及知己。然而，過了一、兩日，那種滿足感逐漸地消逝，並感覺到與最初所求的夢想有所差距。

有何差別呢！因爲固執之念是人與人關係中所萌芽的，結果獨自一人時，所產生的慾念毫無意義也沒有任何價值的。第二點是關於喜悅的持續性，而滿足感之發生是在與他人比較下才會出現的，當變爲獨自一人時，滿足感就變得空空蕩蕩的，只是猶如一陣寒風由心中吹拂而過罷了。

而且，你會發現，在獲得結果之前的自己與之後的自己，在本質上毫無改變，相反地，山頂的前方即是下坡，而你也唯有回到原本的來時路上。因此，登上山頂的喜悅瞬間便會結束，而那滿足感等於是種自我慰藉、空虛的事物而已。

對於生及生存所產生的迷惑，此二種迷惑是有其明顯的差別的。蟲魚鳥獸同人類一樣，也能獲得生存上所需要的東西。一切生物都有辦法生存下去，這是地球上的通則。

然而，生存的迷惑，是爲看見了其他的人、事、物而產生慾念所帶來的，如果執迷不悟，甚且拿生命下賭注，那麼，你在人間就會愈加地痛苦，所謂的競爭美其名即進步發展，而當我們踏入競爭的修羅世界時，我們的心就難於擺脫修羅世界的誘惑，也難以獲得安心。

生存的迷惑是與惡魔的世界相通的，當我們被惡魔所掌握時，我們就會變成魔界裡的丑角，並且，永遠無法獲得「安心」。

苦的緣起也會潛藏在「名色」之中，會將我們拖離彼岸的世界。

相信就會產生力量

緣起的第五項即所謂的「六處」是引起煩惱的身體及心靈。佛教所重視的五官及六根，就是指此而言。

六處的迷惑原本是存在於身體和心靈的。自我的意識是透過五官來發揮其作用的，因此就成了佛教的重要課題之一了。

所謂五官是指「眼」、「耳」、「鼻」、「舌」、「身」。五官是經由意識的產生，才可發揮其作用。

能映照出物體的，是稱爲眼的視力，而要選擇何種物體的是人們的心。如果讓眼睛閉起來，就無法把物體映照出來，如此，心靈上所受的動搖會大大地變小，慾念也會不只到限定範圍。然而，映照物體的眼睛如果無法發揮其功用，就會令人覺得不自由，也無法去躲避身旁的危險。而且，會爲你帶來各種不安的感覺。有時，甚至會使你的心胸變得狹窄，多猜疑。

不論怎麼說，因爲眼睛而引起的心靈活動，可說是一天到晚都有的，眼睛和心是無法分離的。因此，眼睛可說是心靈之窗、眼睛與心靈的結合，比其他的感覺機能發揮了更大的功用，然而，正因爲如此，所以，會產生更多的迷惑。

五官是以眼睛爲首，而與心靈相通的，甚至於各種慾念、嗜好及性格都是因爲五官之作用而形成的，有時，甚至會爲人帶來煩惱。

釋迦在伽耶山頂的說法時指出，當我們去點燃因五官而產生的慾火及靠近的對象物，此時不僅人心會燃燒起來，甚至於連這些對象物看起來也好似在燃燒一般。

若從一切皆空的宇宙觀來看，甚至連地上也在燃燒著。如果地上也是「諸行無常」的話，那麼在地上就沒有不變的彼岸了。

然而，換個解度，重新看的話，一切就成爲實相，離開了實相的事物，仍存在於人心，那是因爲五官所引來的煩惱，才是無常的假相，應當將其視爲蠱惑人心的幻影。關於此點將詳述於後。五官對於心靈所產生的作用，就是會將六根的迷惑之根源加以擴散開來。

如此一來，因五官及心靈之作用所產生的知識及先入觀念，就會在我們心中築起一道牆，而此道牆在我們投胎轉世時會變得更厚，而此種自我束縛的思想、觀念，便會在此道牆內形成一種固執的性格，於是將人牢牢地束縛住，此時，即使是接觸到神緣、佛緣，你仍無法領略、參悟其奧妙。

那麼，該如何才能解開五官、六根所帶來的迷惑呢？就是要將那些既成的觀念及知識置於一旁，只有讓自己擁有一顆純潔無瑕，求真實的求道心。並且要相信道，切實地遵守道，唯有如此，才能排解這些迷惑。

「六處」的下一項是「觸」。這個「觸」是指「六處」所接觸之五官的對象物，釋迦看到了對象物也在燃燒著，可說所有的對象物都是如此的。

爲什麼呢？那是因爲觸感好的東西，的確會令人心情愉快、爽朗；而黏糊滑溜的東西，會令人覺得噁心，情緒不佳。而且，由環境及物質條件所產生的精神的、肉體的影響也很大。

釋迦如此地說：

有一個人獨自進入森林中，在恐懼猛獸的咆哮時，仍無法將其心境穩定下來。此時，唯有鎮定、不恐懼的心才是唯一的解脫之道。

人類對於死亡的恐懼卻始終無法擺脫，當在森林中遇見熊或獅子時，每個人都會感到恐懼。與恐怖心理戰鬥，當你一心傾向於求「生存」時，或許這確實是難以避免的，也是人之常情。

「觸」所產生的心理的、肉體的作用，當我們擁有肉體的時候，我們難以擺脫其作用所帶來的影響，因此，「達觀」是非常重要的，這又關係到該如何才能「達觀」呢？所謂的四諦並非要斷思、死心，所謂四諦，我在道理的明示及開頭時已經敘述過了。但是，關於道理的實踐，就與該如何才能抱「達觀」有密切的關連了。

即使瞭解道理，如果不能擁有諦觀，那麼，道理也僅僅是道理而已，仍無法輕易地進入佛教解脫的領域中。

釋迦有一句話說：「人是因其行爲而成爲聖者的。」他所說明的，就是上一段話所談論的事情。

無論如何，「觸」所產生的影響，會帶來痛苦和迷惑，然而，關於觸之對象物，我們的心是會不斷地變化的。那麼，如果問會使心靈有所轉變的東西是什麼呢？簡單地說就是「信」一個字。

尋找三寶歸依的理由，是因爲人們認爲信仰某種東西，可改變人、事、物，能夠把不可能的變爲可能；且可形成一股無形的力量。

心靈如果不純正，那麼你所看到的事物也就會曖昧而模糊不清；心靈如果純正、鎮定；你便能明確的看清事物、道理。這個道理是宇宙間的真理；因此，不論做什麼事，只要以「信」爲原則，便能產生一股力量來。

不論怎麼說，「觸」其作用只會發生於心靈不純正、模糊的人之身上，就因爲其心靈不純正、曖昧模糊，才會令其感到迷惑。

緣起之第七項爲「受」；「觸」的對象＝慾望會使人變得有精神、活力，也會使我們的心靈發揮其作用。

「受」是透過五官及觸；而發揮其功能的。人的心靈活動始於做各類之選擇，追求其所想要的東西，並且永不停止。人的慾望是無止境的，包括眼睛所能看得到的東西、手所能接觸到的事物、耳朵所能聽到的聲響、舌頭所能嘗到的味道，只要想要的東西都要得手，因此，追求地位、名望、財望的慾火便不斷地燃燒、擴展開來。

隨著此種慾望的逐漸擴展，人就會變得貪得無厭，也因此會使人的壽命逐漸地縮短。這可說是恐怖的惡魔行爲。「受」的基礎大多爲投胎轉世所帶來的先入觀念，且受此影響很大。因此，每個人所擁有的慾望都有差異，而爲了滿足這些慾望，各行業的人就必須每日不斷地去勞動、工作。

愛執使人成爲惡魔的奴隸

「受」的下一項爲「愛」。

十二緣起的「愛」是指對事物的執著而言，與耶穌的愛是完全不同性質的。耶穌的「愛」是神我一體、自己與他人一體，其立場是崇高的。釋迦牟尼佛之「愛」是指會產生因緣因果之業的執著。因此，其性質自始至終所指的都是假相之痛苦。

釋迦牟尼佛很重視人的愛執。那是認爲愛執之人是無法挽救的。愛執是來自於人自己的心靈。會使人產生獨占慾，進而排斥其他相關的人、事、物。僅僅如此就常令人感到緊張與不安，人就永遠無法獲得平安。

愛執，主要是以男女間的性爲基本，而發揮其作用去迷惑人心的。換言之，各種慾望之性質都是以男女的性爲基礎，而向四方蔓延擴散。

以 **Butagaya** 之 **Pipala** 爲其背景，進入了最後禪定階段的釋迦牟尼佛，在祂面前出現了惡魔是仍留在 **Kapila** 的妻子耶輸陀羅。留在 **Kapila** 的除了第一夫人耶輸陀羅外，尚有第二、第三、第四夫人。她們在 **Sitalupa** 的身傍服侍、照料著，過著酒肉什麼也不缺的生活，但是她們的心卻憂鬱地搖蕩著。

最初，出現的是耶輸陀羅，接著出現的是第二、第三、第四夫人的身影，她們要引誘釋迦牟尼佛回去 **Kapila**。此時，縱然釋迦牟尼佛的心裡仍留有她們的影響，卻不會因此而受到引誘的。當她們靠近釋迦牟尼佛的那一刹那，突然發出了一聲哀嚎，便消失了蹤影。這是因爲惡魔碰觸到了釋迦牟尼佛的佛光；於是便無法再維持其身影了。惡魔之目的是想要利用夫人的身影來擾亂釋迦牟尼參禪悟道的志業。於是惡魔將殘留在釋迦牟尼心中角落的影像，變化出來，並且顯現在釋迦牟尼的眼前。然而，由此可知，心裡什麼也不存在時，就不會有任何惡魔鬼怪會出現了。

惡魔可說好像是存在，卻又不存在，好像不存在卻又存在的麻煩東西。惡魔是人所想像出來的產物，當人的慾念蠢蠢欲動時便會出現，而當我們的慾念消失不見時，你就會覺得，惡魔不過是人的幻想罷了。

惡魔所表現出來的皆與佛陀相反，然而，佛是超乎善惡的，因此，惡魔不可算是與佛對立的。因爲佛是捨棄自我的宇宙觀。因此，應該沒有與其對立的東西存在才是。

釋迦牟尼重視男女的性。愛執絕對無法令人感到平安，而且，也是造成許多苦惱和爭執的根源。

當人心產生了愛執後，他所求的就是快樂，並且以肉體上的快樂爲主。爲尋求快樂而努力工作。然而，快樂只不過是瞬間的事而已，但是，工作的痛苦卻是數倍於你所得到的快樂。如果你試著想以快樂來抵消工作上的痛苦，那麼，人簡直就是被自己的此種夢幻所玩弄，而成了夢幻的奴隸。

奴隸是沒有明天，也沒有夢想和希望的。僅僅是一味地勞動，並被任意驅使的人們而已。在我們的生活中有夢想也有希望，然而，這些夢想和希望如果只是建立在能獲得瞬間的快感及自我滿足上的話，那麼，將人譬喻爲工作的奴隸，一點兒也不爲過啊。

因此，愛執之人就會成惡魔的奴隸，也是苦的奴隸。又，如釋迦牟尼所指出的一般，當我們的行動或心偏向於愛執時，那麼，你所得到的除了苦惱以外，什麼也沒有。由此可知，苦的緣起是來自於愛執，並會因爲愛執而變的更為強烈，而且其範圍更會蔓延開來。而當一個人有了此種愛執之心及行動後，其結果，將會帶來許許多多無謂的爭鬥。

也就是說，「愛」所帶來的結果，會令人產生所有慾求；而，這所有慾求會轉變為「取」。「取」是緣起之第九項，也是引發爭鬥的因素。

惡魔隨時都在窺視著你

所謂「取」就是支配慾、獨占慾，指對事物之擁有。

對於土地的執著，支配慾使人類遭受到許許多多的煩惱及痛苦。然而，至今人類仍是如此地執著，這般的執著卻無法輕易地斷除。

釋迦及耶穌祂們除了換洗的衣物外，就一無所有了。如此，是為了要斷除爭鬥的原因。

亞伯拉罕受到神的指示，開始了他的流浪之旅。當時是在都市國家，如果到了野外因此而被盜賊殺害，也只好認命了；可說是非常危險的旅程。然而，為了讓亞伯拉罕擺脫對土地的執著與依賴，於是神便指示他離開城鎮。

亞伯拉罕誠實地依循了神的指示，一邊飼養羊群，一邊離開城鎮。這是需要有很大的勇氣才行的。然而，要成爲希伯來之父，就必須要捨棄對土地的執著，並且對神要忠實。要與人斷絕交涉，在旅途中引導他的神，是爲了要淨化他的心靈。

諾亞也是一個和亞伯拉罕一樣少慾念的人，因爲對於物質不會太執著，所以神讓他復活，並且由洪水來保護他。

合乎神之意旨的人，應具有的特徵爲少執著心，且是誠實正直之人。

剛剛所說的話偏離了主題，所有慾是來自於稱爲愛執的慾望及自我。因此，如果你無法擺脫所有慾的糾纏，執意要將自己置於神的恩惠所無法眷顧到的地方，那麼，你等於是一面在尋求幸福，也一面在製造不幸。

因爲愛執所產生的男女關係，不久會引發彼此間的所有慾，而這所有慾會逐漸地擴展開來，如：對土地、家及孩子的所有慾等。而且，此種所有慾會引起彼此的互相競爭，以致於發生爭鬥。

關於這一方面，神又將如何思考呢?神把伊甸園的土地、花草、食物等所有的東西都給了亞當和夏娃。而神也同樣地把人們在地上所須的東西，都給了人們，並承認了人對這些事物的所有權。然而，「偷盜」、「妄想他人的家產」的事情是被禁止的，而這些語辭也不屬於所有觀念中應有之語句。那些必要的東西才是被允許所有的。

問題是關於這些慾望的發展。攸關生存的自我保存、愛執，會使人的所有慾愈發不可收拾，而將人引誘入假相的世界裡。

釋迦什麼東西也沒有。為何要將此事告訴人們呢？其原因就在於此。所謂的「取」，就是因為所有慾而產生出來的；而這種業就稱為「有」。這在十二緣起中是最難的問題。

人因為業而難以脫離地獄的痛苦；對人而言，這也是最難以應付的。業是一切苦的原因，而由「無明」發其端，而所有欲是來自於「取」，業的效用就是如此逐漸發揮出來的。

也就是說，業造了因、果的循環，而人一旦被誘入這個循環裡，就無法跳脫此一循環的束縛、羈絆了。

由人的性格中，可看出業的循環。

不擅於說話的人，一站在他人面前，就一句話也說不出口。平常不太講話的人，一遇到人多時，舌頭便會打結。然而，有些人雖然知道禍從口出，但是他卻仍愛說話，也因爲不斷地招徠災禍。這就是因爲他雖然知道禍從口出，卻無法讓自己少說話、少惹事。

有些人讓自己被業的循環所玩弄，最後，竟不知如何自我應付。而終至認定自己就是這種性格的人，始終無法擺脫業力的相牽。

業，就是如此地在描繪著人的性格、工作、人際關係、疾病等等，業的反覆不斷將會招致輪迴轉世的反覆不斷，而因果的循環也將永無止境地持續下去。

因爲地球會轉動，所以認爲人生也自然有所變化的想法是錯誤的。如果認爲人生是永恆的，這種想法也有誤。因爲人生是沒有平安的。

在業反覆不斷的人生中是沒有平安的；平安是存於沒有業之變化的永生的生命中。

也有人認爲沒有變化會變得無聊且寂寞。雖然五官的世界會無聊且寂寞，但是心靈的世界卻能獲得自由，因此，也就不會感到無聊、寂寞了。取之不盡用之不竭的永恆的神理，和慾望的世界是不相同的，永恆的神理可讓我們看到其宏大的擴展及深奧的真理。那裡會是無聊、寂寞，應是充滿驚奇和喜悅，平安與五官之不同，可說是一片富於變化，極爲美好的另一個世界。

佛教的諦觀所採取的看法認爲一切都是無常的，有的僅是事物之變化而已，因此，如流雲般飄飄然地活著，才可脫離束縛。

虛幻無常的現象雖與諦觀不同，但如果把身心全部擺在諦觀上，也不見得會悟道。這個想法被認爲是中國的道教觀。

釋迦牟尼的悟道，如果我們不問問釋迦牟尼是不會瞭解的。纏繞著人們的苦因是來自於自我保存的自我的，因此，捨棄這樣的自我時，此時，張開眼睛所看到的，不就像流雲般飄飄然地活著。

如果說飄飄然地活著是本來的姿態的話，或許所有的人就變成了傻瓜。傻瓜與悟道僅有毫釐之差。然而，傻瓜與悟道是有著天壤之別的，假如，委身漂泊，過著如雲一般地人生，那麼，這個人一定得再重新投胎轉世，且被迫過著與前世不同的痛苦生活。這是因爲他沒有盡他在人間所應盡的義務，逃避責任，只知遊戲人間，這是一種最重的業障。

遊戲的人生是對生存執著而任性的人生，除了自我滿足之外，什麼也沒有。

如果我們看看僧侶的足跡的話，過著類似這樣生活方式的人相當多，我認爲他們一定過著與一般人有相當差異的人生。這些人當時就以此爲滿足地，離開了人世。但是，當他們再度投胎轉世回到人間時，對於前世的種種已經忘卻了的他們，只會後悔，爲什麼自己必須這般的辛苦，爲什麼只有自己是如此的不幸，不停的工作卻仍然無法獲得快樂。

即使知道這個道理，但如果不懂得運用它，去改變自己的生活方式，你將會引火自焚、業的苦惱將，如影隨形般地跟隨著你，祇要你一疏忽大意，便會趁機而入。

業是在不知不覺中偷偷貼近人們身旁的惡魔，它一天到晚無時無刻地窺伺著人們，總想占據人們的心靈，左右人們的一切。然而，就因爲我們擁有肉體，並且活著，所以一切與生存有關的思想都會與業相結合，因此，就產生輪迴。

一旦開始輪迴，業就自然地映現出來，雖然有人會在業的反覆映現之中，察覺到這一點。但，很多事情我們卻無法注意到，不久就會招來各種不幸及苦惱，最後，任何的不幸都會降臨。

我認爲凡事要先未雨綢繆，在事物順利地運作時，才可確認業的所在，我們必須下功夫，將業徹底地消除。

不會死亡的自殺者

關於十二緣起的說明已到了最後階段。由「無明」開始，到「有」的業；這些造成痛苦的原因、結果，令人再度陷入「無明」，誘入輪迴的苦惱世界。輪迴的苦惱會讓人們對「生」、「老、死」產生迷惑，會令人感到不安與恐懼，而「無明」的世界也會愈來愈寬闊。

「生」的迷惑是什麼呢？還有「老、死」的不安又是來自於何處呢？如果我們列舉對「生」的迷惑的話，就如同開頭所列舉的一樣，是來自於關於生存的「無明」。因爲事物模糊不清，所以對於生就會產生固執，於是便會引起不安與動搖。

那麼，所謂的事物是什麼呢？佛教的看法認爲，事物是會變化的，因爲會變化，所以無法掌握，又因爲人們處處在追逐這種無法掌握的事物，所以會帶來不安。又因爲我們追逐著充滿假相的人生，所以迷惑和痛苦便會永久的持續下去。

的確，萬物都在活動著，沒有一樣東西是停止不動的。所有的事物都是動的，找不到靜止的東西。恆河的流水，總是不斷地在變，世界的屋脊喜馬拉雅山，也許有一天大地裂了開來，而會變爲平地也說不定。

我們將變化的事物視爲沒有變化，並且希望一切都能順心如願，於是讓我們對「生」產生固執的觀念，也會讓我們因而陷入了無明的世界。

在日常生活裡，我們不知明天會有何變化。今日能夠安心，而明日卻不見得有。原本身體健康的小孩，也許會生病或受傷，於是雙親的心情在一夜之間便起了變化，變得擔心憂慮起來。然而，如果不會擔心憂慮的雙親就不足於爲人雙親，甚且有人還會批判他們簡直不是人。擔憂是愛情的表現，不會擔憂的人則會被認爲他是個冷血動物。

日常的許多狀況，在我們活著時，會不間斷地發生，也因此，迷惑與不安也會無止盡的反覆地圍繞著我們。即使會反覆不斷，那也僅限於活在這人間的時候而已。當我們活著時，就無法從這個漩渦裡脫逃出去，應該遵照入境隨俗的方式，慢慢地讓自己去適應這樣的變化。

這樣的變化，會因爲原因和結果的形成，而在變化中又產生其它的變化，於是逐漸地真實又會變得模糊起來。我們可以看見事物之變化，即使無法確實地掌握住，那麼，在生存上就必須立訂準則、限制。如此，才可辨別是非黑白，而我們也應該遵循這些準則、限制。

如此一來，我們才不會拘泥於事物的變化。而，事物之產生有其原因及其結果，如此，才不會製造出不安的因素來。活在世間時不要去逃避原因、結果的運動，我們應該去追尋出不安的原因，努力去創造安心的原因。如果能創造安心的原因，就應去隱居起來，斷除一切的關係，脫離緣起的原因。總而言之，以上所說的就是佛理的要點、精髓。

可是，關於「不拘泥」、「創造好的原因」，應如何理解才好！現實是被編入休戚與共的機構中的文明社會。如此一來，佛教觀變成了非常難以理解的道理。

水管如果破裂了，就停止了供水；發電廠如果發生火災，所有的家庭都會變爲一片漆黑。在這一切都用自動化的時代裡，即使只有自己一人想讓道理能發揮其效用，現今的社會卻不允許。像出家的僧侶無法斷絕世俗的一切。還有，如果道理能適用於一部份的事物上，而不能適用於所有的事物時，那麼，這個道理一定有無理的部份存在。

個人的得救關係到全體的得救，全體如果沒有可以提高個人水準的事物存在的話，就不算是正確的道理。關於這個問題，將於後面詳加敘述。

在此，希望各位要能理解的是：痛苦的迷惑是因爲我們把事物顛倒過來看，所以會產生因果報應，也會造成「生」的不安。特別是喪失了人生目的可說是其最大的原因。

人生的目的是隨著神的旨意而存在的，人生的目的僅是如此而已。那麼，爲什麼，有神才有人，而神不在的話人也就不存在了呢！不是嗎？有人這麼說：死原本就是沒有神，也能夠生存著。事物如果因此就能解決，那麼萬事就能獲得解決了，但是，如果不能獲得解決，又該如何呢？

還有一個地獄的地球，在那裡如果有人能忍耐到另一個新的物質地球形成的話……恐怕不會有這麼幸運，順利的事吧！因爲在人的意識裡，沒有人能夠耐得住地獄的痛苦。

讓某人看了自殺者的世界。在那裡是個黑暗的世界，僅有自殺者存在的地方。一個大鐵錘朝著自殺者的頭部，飛撞而去，頓時，腦部便如同破裂的西瓜般，連腦漿都飛散一地，臉部、頭部都支離破碎的。血肉模糊地散落一地；看到現場的那個人，當血噴到他的臉上時，不知不覺地便向後倒下，似乎是被這些恐怖的場面所嚇倒了。

被割了頭的自殺者認爲這樣子就會死了，然而卻仍活著，意識還很清醒。於是對死非常恐懼的自殺者便要求他人幫助，然而，沒有人會幫助他。此時，臉和頭部又恢復原狀。於是大鐵錘又飛了過來，於是又如敲石榴般輕易地被敲裂了。如此，反覆多次，仍無法擺脫死亡的恐怖。

活著的人在被某物體襲擊氣絕時，意識會暫時避難到無的世界去。然而沒有肉體的靈魂卻無法躲避，便又會立刻地復活。

自殺者認爲「死」就可化爲無，可以逃避痛苦，所以便選擇了死，然而，死後醒來的話，因爲自己還活著，所以便會再一次地來到自殺現場（平交道或是自殺的場所），就在此時，便會被拉進黑暗的世界裡去，這一次將由第三者以鐵錘反覆地撞擊這個自殺者，而他的境地就是如此。看見這個場面的人，是要讓他看自殺者的第二現場。

那麼，這樣的世界，如果和物質地球沒有關係，這些人的救助在任何地方都可尋求得到。當他們再一次回到物質地球時，就不會再發生自殺這類的事情了。神的意旨是希望能以此種生活方式使這些人能夠得救。

地球是累積苦惱的因果報應淸算所。人的思想和行爲是污穢的，所謂的淨土是相當遙遠的地球。即使這樣，地球是神的身體之一部份。會變爲因果報應之淸算所的東西，就等於是人，人的罪惡。

神不在的生活造出了這樣的條件和環境。即使死了也會把原本活著時的華麗與這個地球弄的粗糙，這個反作用會使業火包住地球，於是地球重生之前，這些人都必須接受地獄的試煉。

人生的目的是要把神的身體化爲一片淨土。讓伊甸園重生後再回去。這就是人類應有的目的及方向。而且，當我們以此爲目標時，就能夠讓我們遠離各種的不幸及苦惱了。

「生」的不安就如佛陀的教義所指的，是來自於對生存的迷惑與執著，這是事實。苦惱和迷惑也是由此而產生的，但是，隱居起來斷除一切的關係這就成了一種逃避的行爲。這點將在後面討論。本來是沒有黑暗世界的，會形成這個黑暗世界是在我們的幻想中，如生活般被自己塑造出來的。這個幻想的波動在地上也會製造出暗中爭鬥的波動，且存在於不易消除的地方。

動物也會將其有用的身體提供出來

「生」的不安，其次是「老、死」的不安。老死的不安是擁有肉體者不可避免的宿命。

動物的「老」直接與死有關，年輕健壯的時候還好，然而，一旦「老」了，就會遭受其他動物的侵襲，成為其他動物的糧食。動物的世界是如此的形成，也如此地重複著其循環。

人的「老」又是怎樣的情況呢！某位諾貝爾獎的作家，在他的著作裡有一段話：「人因為有死，所以才能夠生」，最後便自殺死了。這位作家以虛無的世界為志向，並且相信佛教的「無」。假如佛教是以「無」為目的，那麼就如某人所說的，佛教也許就成了「惡魔的道理」也說不定。

誤會其解釋，而又深信的話，就會如同這位作家一樣，做出無可挽回的事來。這位作家花了很久的時間研究，因而非常嚮往虛無的世界，於是便一步步地走向了這個虛無的世界。再加上其優越的才能及自負、信念，根本不易使他回復原狀。

「老」的不安，也一樣會慢慢地接近人們，但是，這種狀況卻是因人而異的。甚至於動物也會把自己的身體供給其他的動物。那麼，人類又該如何是好呢？

緣起的「老」與生的執著相結合，人卻討厭死。正因爲如此，總是無法擺脫死亡的不安，而且，死後的世界又是模糊不清的，因此，令人更加的不安與混亂。在中國有一寓言故事。因爲常被引用，想必各位都已經知道了，在此仍希望各位能夠再想一想。

※　　※　　※

從前，有個男人有四個夫人在服侍著他。男人把他的夫人們定位爲第一、第二、第三、第四夫人。第一夫人是個美女，因此，不論到那兒去都會帶著她，她簡直就像是這個男人的影子。因爲她是第一夫人，所以男人最愛這個夫人，決不許她離開自己的身邊。

第二夫人的娘家是有錢人，在家裡發生緊急的事情時，就會回娘家借錢，給這個男人使用。對這個男人而言，第二夫人的重要性僅次於第一夫人。

第三夫人的才能及美貌都比不上第一、第二夫人。然而，她不論什麼事都能很輕鬆愉快的和他談論，是一個很好的談話對象，因此也不能忽視這個夫人的存在。而且，這種輕鬆、愉快的感覺對男人而言也是一種魅力。

最後是第四夫人。這個夫人沒有才能，也無美貌，亦不靈巧。只是，這個夫人如果不在的話，家裡就會不得安寧。每天的飲食、洗濯、掃除等所有的工作都是第四夫人的責任。所謂的夫人也只是個稱號而已，爲了方便，於是便讓她做了第四夫人。

男人也因此能自由自在地過日子，某日，突然醫生宣佈他即將死亡的消息，男人對自己的死期也有所領悟了。突然要面對死亡，對死後的世界又不清楚，便非常地恐懼。知道無論如何也無法獨自一個人死去，越想越厭煩，最後，男人便下了決心，要求猶如自己影子般的第一夫人一起去死，於是便把第一夫叫到床邊來。

第一夫人的話卻是異常的冷漠，「和你的感情僅限於在人間而已，不能和你一塊兒去死。」男人覺得第一夫人很無情，便責問說：「妳是什麼樣的一個女人啊！」他對第一夫人很失望，便不再問她了。

不得已，男人只好叫來第二夫人，並拜託她相同的事情。第二夫人回答說：「我祇送你到家門口，就不再送了。」男人愈發地感到困擾，卻毫無辦法。

當他把第三夫人叫到床邊時，男人流著淚水哀求她。第三夫人邊望著男人哀傷的神情邊說：「我是你的妻子。應盡可能的陪伴你入黃泉，然而，我卻僅能陪你到墓場去而已，再來，就由你自己一人去吧！」

這麼一來，男人就更無法自己一人死了。要克服死亡的恐懼，一定非得有人陪不可。想了又想，最後在腦海裡浮現出來的是第四夫人。對於這僅有名份的夫人，該如何向他開口要求呢？男人迷惑了。這是很自私的話，男人便非常地猶豫，然而，仍然無法克服對死亡的恐懼。

因此，便提起勇氣將第四夫人叫到床邊來。男人懇求似地拜託著說：「希望妳能原諒我的失態。這個樣子即使死了也無法瞑目。因此，希望妳能和我一塊兒去死！好嗎？」第四夫人拉著男人的手，回答說：「千萬別這麼說啊！我是你的妻子。你要去的地方，縱使是水深火熱，我也在所不辭，請你帶我去吧！」

男人說：「聽了妳這番話，我就能安心地死了。」

※　　※　　※

這個寓言故事的涵意是什麼呢？在說明之前，關於夫人們應加以分析才可。第一夫人是男人的身體。第二夫人是家和財產。第三夫人是親戚。第四夫人是男人的心。死後的世界，當然無法帶著人間的身體、財產、親戚一塊兒去。死後世界的夥伴只有男人的心。換言之，人的心是永遠活著的，因此和人間的生死是毫不相干的。

這寓言的涵意是，人在活著時，往往僅在意身體、財產及親戚，往往忽視了最重要的心。因為忽視了心，就變得以自我為中心。這個寓言就在警告我們，連動物老了，都還可將自己供給其他的動物，然而人卻不能。人有的只是種種的迷惑，於是在這迷惑中走向了黃泉。

在此所談的「生」「老、死」的迷惑，是限定於人世間的執著。而被生存的想念及行為所束縛。這也可說是造成「生」「老、死」的最初原因。

於是「苦」的迷惑是由「無明」開始的說法是釋迦牟尼的主張。

2 集諦

苦被彙集於五蘊中

如前所述，一切的痛苦都是由「無明」的無知而來的。無知是由看不見神、佛的顛倒妄想所引起的，因此事物的是非曲直就變得不清楚了。

如果要把十二緣起歸納起來的話，可以彙集成五個原因、結果。以此來說明五蘊及佛教。也就是說，所謂的五蘊意謂著十二緣起的結合，給它一個名稱，就稱爲「一切皆苦」。

五蘊的實體是「身」和「心」，這二者會給人帶來迷惑。佛教認爲人的身和心原本就有生滅變化，是假相。將這個假相視爲「存在」的，便在此訂定所有的「思想」和「行爲」的基準。那麼人的苦惱將會是無窮盡的。

的確，如果忙於追逐生滅變化的事物的話，就如同以竹簍取水是取不到水的。只因爲追求得不到的水來四處活動，所以生老病死的不安及迷惑就會無窮盡了。要取水就必須使用有底的容器。有底的容器就成了合於實相的「

思想」和「行為」。

即使是關於人的身和心也必須區分為假相和實相，這在後面敘述。在此，我們將接觸五蘊所要說明的苦的「身」和「心」。

五蘊是身和心，其內容被認為是由色、受、想、行、識五項所形成。

「色」是自己的身體。

「受」是感覺。

「想」是想東西、思考。

「行」是生活行為。

「識」是知識及觀念。

總而言之，自己的身體是核心，被各種感覺所束縛，並由此湧現了想法，於是形成了每日的生活。生活習慣就變成為知識，並將觀念植入心中，如此，便會把無明的世界鞏固起來。

即，如十二緣起的原因和結果被彙集於五蘊中一般，無明的世界也是存在於以身體為核心的思想行為上，因為思想行為與「生存」有關，就會變成「執著」。因此無明的世界是苦惱的。

如此一來，人必須和自己所愛的人分離，雖是自己所憎惡之人，卻必須和他相會。而且，會引起煩惱就是即使是想要的東西，也得不到。太過執著於自己的利益得失，將會使你永遠懷抱著痛苦。人是慾望的奴隸，會因爲利慾薰心，而使心靈得不到平安。

如此看來，苦的緣起，彷彿是因「慾望」而產生的。如果能夠消除慾望的話，人的視野就會變得更加寬廣，肩上的重擔也就得以卸下了。

釋迦曾在伽耶山頂說了些很有名的話。題目是「燃燒的火焰」。祂曾在WLUBA・KASHAPAI 等新弟子之前說法。因爲有這個說法才會形成十二緣起的基礎；並在此說明了無明之原因及結果。

※　　※　　※

比丘們！我要告訴你們。你們在人間的身子正在燃燒著。並且被燃燒的火焰所包圍。你們的眼睛在燃燒，眼睛的對象物也在燃燒。鼻子也在燃燒，鼻子的對象物也在燃燒。五官都在燃燒，因爲五官的對象物也在燃燒，所以心也在燃燒，甚至於連心的對象也在燃燒。

五官在燃燒，甚至於連心也在燃燒，那麼爲什麼會燃燒呢？因爲貪慾的火焰會燃燒，因爲瞋恚的火焰會燃燒，因爲愚痴的火焰會燃燒。

生老病死的迷惑，會使我們的身心燃燒起來。這種迷惑，會使人變得憂愁，變得痛苦、變得煩惱、變得鬱悶不斷地燃燒著。

比丘們！不可把自己委託給燃燒的火焰。正法的道可撲滅這些燃燒的火焰。想要將眼、耳、鼻、舌、身的火焰撲滅，就應守住五官的門，敞開自己的心靈，多接納別人的意見、忠告。如此，在我們的心底才會充滿，不被任何物質引燃的光芒。便不會產生貪慾，不會瞋恚，也不再愚痴。

離開了貪，人才可進入解脫的道，才能夠真正地有所領悟。因此，比丘們，絕不可將自己託付給慾望。也不可讓煩惱之火奪走你的心。要知道法的道理，走安心之道。

如此以正法爲目的，便可撲滅煩惱之火，並且要以涅槃爲最高的目標。要超越生死、上下、陰陽，才可讓我們走向平安的境遇。

佛的形態是無形的。只有悟道者才可看見佛。佛的身影是存在於悟道上的，而非肉身的。因此是由智慧所形成的光身，所以是不朽的，是不會有疾病的，並且是永遠不變的。

首先，你們應使煩惱的火焰消失，除去了火焰，如此才可端正自己的身、口、意。所謂的正法之道，就是指這些內容。

※　※　※

如此，我們便可清楚地明瞭苦之緣起的原因是在何處。十二緣起之形成的各種原因、結果，會相互地摻雜在一塊兒，因此會造成苦緣。緣起之根源爲「煩惱之火」，也就是佛教告訴我們的，人是因爲慾望而產生貪慾的。

服務、補償、交換

苦的緣起是因爲「無明」所產生的迷惑，這是間接的原因。間接原因之根源又是什麼呢？即是前面所說的慾望，這就是直接原因了。

「苦」的下一項是「集」。所謂的「集」是事物的集合，在此所意味的是集合一切苦的原因。因此可說是原因的原因了。

造成人迷惑及痛苦的原因是貪慾、瞋恚及愚痴這三毒。然而形成這三毒的是渴愛，因爲人有三個愛執。即慾愛、有愛及無有愛。

在此，將這三個愛執，分別說明其性質。

所謂的「慾愛」指的是性慾。煩惱的火焰是由性慾開始的。性慾因爲有對象而獲得滿足，因此，意味著是由單數變爲複數的。一般是由稱爲男女的異性來組成家庭的，而這就是生活。

男、女分別是單數的，然而，因爲結婚而擁有了家庭，於是由單數的形態轉爲複數了。

因此，慾望便由單數變成了複數、單數的自己因爲擁有了家庭，而擴大爲複數的自己。也就是說，性慾造成了自己的延長。而這個自己延長，不久便會擴大到兒女，兒女有了家庭後便會擴大到孫子、曾孫；由此我們可看到慾望的擴展。

「慾愛」被視爲是一項問題，因爲自己擴大偏袒與自己有關的人，是形成了愛執的根本原因。它分爲親戚及外人，並且會執著於親戚的擴大。

因爲丈夫、妻子、兒女及孫子等受了他人的傷害，而他人也受到同樣的傷害；但人們祇會因自家人受傷害而受衝擊，且發出憤怒。正因爲有這樣的心理，所以才能保護住各自的家庭，並且得以維持下來。然而，這種對家庭的愛執如再增強的話，就會產生以家庭爲中心的勢力，便會產生世襲，形成部族，事實上，這些都是形成苦惱及爭鬥的原因。

另一方面，自己延長的愛執範疇，會因一切事物之順利進行，而更加強的活躍起來，於是隨著愛執範疇的擴大，爲了要保住這個範疇不受侵害，便再增加許多的人力、物力、財力，於是苦惱及爭鬥的原因再被擴大。

大多數像這樣的苦惱，雖然是悄悄地將性慾藏於內心，然而卻存在於行動的男女感情中。而且，男女的感情或許原本就伴隨著迷惑與苦惱的宿業也說不定。但是對愛執的感情，甚至於會迷惑人們去關注這地獄的業火。於是神和佛也無能爲力，只能默默地靜觀其變而已。

伴隨著愛及憎恨，有自己延長的形態，假定這就是慾愛的性質，那麼，慾愛就會產生「無明」，甚至於會產生「生、老、死」的迷惑。

在此，男女的愛是否該被全盤地否定呢？不否定，會爲人們帶來痛苦，因此被認爲，否定較好。然而，如果否定了男女的愛，人類不就非得要從地上消失不可了嗎！如果人類必須從人間消失是一種目的，那麼當初就沒必要將人類貶降人間來了。要人類誕生於人間應有其誕生的理由存在。

只有將「無明」變爲「智慧」是釋迦的教誨。要人類去瞭解道理，知道何爲苦，且透過經驗去掌握住何爲自由。要人們依據理性及意志去親身體會，並且要用心去弄清楚，惟有如此，才能讓人們瞭解男女的問題是即使想否定也否定不了的。

話又偏離了主題。但是，我們可以由此得知，理性及意志是走正法及正道者的依靠，在信仰的態度上如果你是感情立於信仰之前，就會產生盲信及狂信的行爲，不是所謂的正當信仰，並且會令你脫離正道的軌道。要開動理性及意志此二項思想行爲，朝向正法、正道走去，神理便是由此開始。

要使慾愛的業遠離人們，就必須通過這條路，不久便能進入諦觀，這才算是理想的。

另一方面，人類必須全體皆能獲得開悟，這是神的恩賜。問題是時間而已；所苦惱的是花費的時間是長還是短。時間長短之決定全在於個人，視其有無求道心而已。

慾愛爲感情所支配，理性的作用，僅在其作用無法發揮的一小部份裡，才會有問題潛藏在其中。因此，當我們踏入這一小部份裡去時，自己延長的思想在不知不覺時便會擴大，因此令我們更加苦惱、迷惑，甚至引發爭鬥。

人們應該好好地思考、要培養自己的理性及正見的能力，如果無法確實做到，會遭受損失，吃虧的將不會是他人，而是你自己。

其次是關於「有愛」。

「有愛」是由食慾而引起的，捨棄食慾，人類將無法存在；肯定食慾，則會成爲自我保存，這真是麻煩啊！

食慾及自我保存，何者爲先呢？剛生下來的嬰兒，不必教他，便已學會了吸奶的秘訣，由此可知，食慾爲先。胎兒透過臍帶吸收來自於母體的營養，因此，人類一生下來便有食慾，可以說，食慾促成了自我保存的意識。

數年前，某架客機不幸墜入了南美的山林裡。隔了好幾十日，才獲得救援，生存者僅有三分之一，他們奇蹟似地生還了，而其餘皆不幸死了。

在沒有糧食的山裡，是如何生存呢？這些生還者是靠食用死者的肉才得以生存下來，因此，這件事也產生了某些問題。天主教的神父卻認爲死者沒有生命了所以和物品是一樣的，縱使吃了死者的肉，也不是罪，便下了這樣現實的解釋，後來這個問題便不了了之。這件事應如何思考才對呢？基督教中的神——摩西曾告誡他的弟子不可吃動物的死肉。這又是爲什麼？

這個人間，是由佛教所謂的供養所構成的。一般而言，是以服務，還有補償，甚至以交換的形態構成的。而此種互補的關係是不變的鐵則。

這個道理是說：當人所擁有的慾望愈深，則其苦惱就會愈多，而當人的慾望少的話，就能少憂苦，多安樂了。

將浮在水面上的魚吃進肚裡去的人很少。即使是植物，如果乾了就不去吃它。而將原本是活著的東西弄乾燥後，即使吃了，也會因爲太乾，而無法通過人的喉嚨。

像這樣，活在人間時，彼此相互地服務，相互地供養、補償，這是人間的基本結構。人類的死肉就如同神父所說的，是種物品。然而，當把這些人類的死肉吃到肚裡去時，卻會產生一些問題，如：是否會生病呢？而且死肉會發生變化，對孩子是否會產生什麼影響呢？而且關於精神上也存在著許多的問題。從現實上來說，即使沒有罪，人間的鐵則也是牢不可破的。

因爲具有這樣的意義，所以胎兒能在母體之中攝取母親的營養，獲得成長。假如母親死了，則胎兒也就無法誕生了。因此人世間的生物，就是因爲有其他生物的犧牲而能繼續地生存下去。因爲有這樣的生存方式，所以自己也要把「生命」提供給其它的生物。如果不願服務的話，那麼你在人間的債務便會愈累積愈重，而債務所帶來的苦惱，將會使人崩潰。

古老的時候有一個風俗習慣，將活生生的人當做貢品，奉獻給神。亞伯拉罕知道了神有如此的要求，便想把自己的孩子殺了當做犧牲品。聖經是如此的記載的，這是神對亞伯拉罕的一種試驗。亞伯拉罕一族，卻能因此而獲得永生。使他們一族獲得永生的是大地的恩惠，亦即有羊的犧牲代替亞伯拉罕的兒子做燔祭，才能通過神的試驗（見創世記第二十二章）。

然而，捨身及恩惠的根源是來自於神的，因此將自己的生命，或是次於生命的財產，回饋給神，做爲感謝，這是理所當然的道理。

神只是要試驗亞伯拉罕的心意而已，毫無打算要將其子召回。因此，事物的真相卻被隱藏起來了；我也深深覺得，真實並非如我們表面所見到的一般，它常常被隱藏在事物的內面。

由食慾所產生出來的自我保存的意識，在胎兒時期便已形成了，既然這是既成的事實，人類就會希望能活著，然而，如果忽視這項事實，就會產生釋迦所說的迷惑，而且，苦惱也會不斷地增加。

由食慾所產生的自我保存意識，在此將再稍做探討。

如前所述，我們能夠理解，人的執著有由性慾所引起的自我延長，及由食慾所產生的自我保存。這些和語言及意志無關，這是既成的事實，並且一直在支配著人類。

食慾的自我保存意識，從胎兒時期便已經形成了，甚至可以說，在尚未形成胎兒前的精子時期便已形成了。因此，進化論中的論點：認爲人是由動物逐漸演變進化而來的。並非毫無道理的。

佛教觀似乎也認爲，正因爲人是由動物進化而來，所以人類會因爲業的關係而到人世間來。這也可說是人性本惡的根據。

進一步地說，因爲擁有肉體而出生於人世間，在這人世間除了自己以外，仍有很多的人，爲了要在這人世間生活下去，所以區分自己及他人的這種觀念，便愈加地強化，於是自我保存的心態也愈來愈強烈。

即使說：假設魂與肉體是完全不同的東西，但是，魂如果被禁閉在肉體這個範圍內，不論人的心或魂願不願意，都會被捲入食慾的生理運動中，於是便會產生「不吃的話就無法生存」的想法。

即使現在有好的聲譽、地位，令你獲得了財富，在吃的方面無需擔憂，而產生「這一切大概不會失去吧！」的想法於是便會因爲「吃」而對「生存」產生執著，事實上這樣的執著，當你活在人間時，都難以令其消失。

釋迦完全捨棄了「吃」的事業。這樣的做法是爲了要斷除生存的因緣。這些人們，超脫死亡，透過斷食的方式來斷除生存的因緣，因而能夠理解人與自然界的程序，也因此能夠得道。

與四十日四十夜的耶穌的開眼，聖靈相遇的摩西，他的生存方式，就是因爲過著和前述兩位得道者相同的方式。

「人並非只爲麵包而活……」這是耶穌的話，是神理。祇要忠實地依循著這個神理而行，人的幸福就可獲得。倘若偏離這個神理，而使你自己的「思想」及「行爲」變爲僅與食慾有關的自我保存，你就會被捲入痛苦及迷惑的因果法則中，僅會爲你帶來不幸。「吃」的思想及執著，會因爲你有良好的環境，而不易捨棄。如此一來，便會助長此一思想及執著；聖經上所說的原罪的界限也會不斷地持續。另一方面，這種意識將會令你害怕死，而執著於生，如此一來，不論到何處，都只希望自己能活著。

生存的想法會加速人們在生存上相互競爭；會令人類往與和平相反的爭鬥路線上發展。爭鬥所帶來的結果只會增加人們的憎惡及痛苦。造成個人及團體在命運上的起伏不定，這個因、果關係將會反覆不定地發生。

人和業的此種關係，就好比活著的生物一樣，要呼吸，要繼續地生存，要被業如此地玩弄，也可算是人的命運。的確因緣生起的原因是因爲食慾而發生自我保存、自我防衛的。迫使人們去侵略他人，造成無明的行動。

迷惑由心而生

那麼，探討的是「無有愛」的自我。

本來，只要沒有自己的這種意識，人就不會有迷惑，也不會有痛苦。簡單地說，就是睡覺時什麼也不想。這是因爲意識沒有運作的關係。那麼，腦性麻痺所引起的白痴患者也就不會有痛苦和迷惑了。然而，人的痛苦及迷惑卻猶如至親的父母般，跟隨著我們。

如此看來，痛苦與迷惑，只要人們醒來時，就會緊跟在你的身旁。因此，這是一個令我們不得不去思考的問題。

所謂自我的意識，是以自我滿足爲目標的一種作用。這種作用會使人有羞恥心、自我炫耀。如此一來，反而會加深人的苦惱。

希望自己比他人更富有，不希望被人欺侮、希望能受到重視、希望他人能認同自己，這種種的感情作用，會隨著自我意識的活躍起來，而變得更加強烈。在兒童、老人身上較不易發現此種意識。然而在既健康又充滿活力的青年人及壯年人身上，卻存在有此一應特別注意的問題。

自我炫耀的慾望似乎在文明的國家裡比較高；在非文明的國家則比較低。文明國家裡，個人意識會較強烈，非文明國中則少有個人意識。

希望能更富有，祇要是人就會有這種想法；然而，這樣的願望在和他人比較時，會撼動人的慾望，達到了目的，帶來了繁榮，然而，我們所看到的繁榮，卻不是永久性的。

慾望的變化是無邊無際的，會被人們擴大。而且因爲這種自我只能在物理上力的關係之中，才能擁有活力，所以當力氣耗盡時，還會有另外更大的力出現，於是在轉瞬間便面臨了沒落的命運。這種自我會在相對中成長，會誘使人產生煩惱，所以人的意識、行爲便會偏離神理；而使自己的眼睛逐漸地受到了蒙蔽。於是貪慾、憤怒、愚痴這三毒，便在這樣的情況下產生作用，迫使人走向假相的自我炫耀。

自我意識來自何處呢？將食慾、性慾的生理現象做爲母體，而自我意識就是來自肉體的孤獨感，這是佛教告訴我們的。輪迴轉生的業令人有自我的意識，假如最初的原因是五官，那麼，還是離不開肉體這項因素。

這個因素會轉化爲視肉體爲優先的顚倒妄想──「無明」，而渴望繼續生存的自我，也會增強起來。

佛教所說的迷惑是以與肉體有關的諸器官爲根本。由此肉體的自我會醒來，便會製造出心靈的三毒。

筆者的看法卻是如此。

當人誕生到人世間之前，人的意識便已經存在了，這種意識是有個性的，並且會持續地存在著。

某日借了稱爲肉體的地上的媒體，於是自己便成爲人世間的人，因爲持續的生活在這個人世間，於是便萌生了與人間生活有關的知識。這種知識會使人的五官變得敏感，會使人產生相對意識，因把這種意識（被稱爲精神或心的部分，有的也稱做魂）二分化（分爲外在意識及潛在意識），就會把佛教所說的業的部分及單純的部分分開來，而使人產生迷惑。

被二分化的意識間，會形成一道阻礙二者的隔閡，我們將這層隔閡，稱爲思想層或思想壁。而將被累積並記錄在思想層上的各種記憶、習慣性的變化稱爲業。

假設，知的作用並不存在於意識中，那麼，就無法去辨別人、也不會擁有自我意識了。說穿了，也就和動物沒什麼兩樣。人類之所以有別於動物，就是因爲人有知識；這種知識會迫使人去想像，讓人在自己的心中不斷地編織著各式各樣地幻想及美夢。

這種知識是以肉體爲中心，而發揮其作用的，肉體又與五官有著密不可分的關連，結果，人便會被叫做六根的煩惱的鎖鏈所束縛住。

那麼，由此意義來分析、人類的痛苦及迷惑，是因爲有了肉體才造成的呢？還是心靈所產生的作用呢？內容和心靈是不可分割的；我認爲問題是存在於心的，因爲心靈所處的狀態，能夠決定幸與不幸。

這些事情和以下所要說的事有很大的關連。聖經中創世紀篇記載，亞當和夏娃因爲吃了智慧之樹的果實，於是他們二人便產生了羞恥心。

如此一來，人類的自我意識便會助長自我炫耀的慾望，使人有了名譽心、羞恥心，會顧及自己的聲望及面子。於是佛教所說的緣起，便產生效用，迫使人們走向假相的世界。

※　　※　　※

在此，對於佛教所說的實相與假相，和筆者所看到的假相與實相之不同點，我稍做說明。

關於實相與假相的辨別方法，想必各位都已經很瞭解了。筆者所說的實相是指實際存在的一切事物；假相，是將不實際存在的事物視爲存在。

佛教的實相存在於空；所謂的「空」就是梵語的 **Sūnyata**，如字面的意思，解釋爲一切皆「無」。而且，這樣的解釋也已成了定論。

另一方面，假相，其解釋亦是將不實際存在的事物視爲存在。這個解釋是與筆者相同的。

那麼，釋迦是否真的說了一切皆無的話，關於此點，則要請示釋迦，否則就不得而知了。

現今所流傳的佛教的空的觀念，應是誤解了釋迦的話，而使得後世的人相當迷惑。關於「空」字的解釋、敘述於後。簡單地說就是「沒有自己的思想」、「活用一切能量」。據說一切都是由光形成的。

與人有關的因緣，據說是以光爲媒體的，因此，光並非來自於因緣。光是支撐一切的力量，是人生的生命。因此，此點在今日已成定論的佛教的空觀，與筆者的觀念是不同的。

不管怎麼說，自我的思想會拉近人與假相的距離，於是心的三毒便會留宿在人心、而被此三毒所趕走的是前面所提過的，無有愛的自我。

我曾列舉過有關「集」的三個根本的原因。

如各位所知道的，如果再將這三個原因加以區分的話，慾愛及有愛是來自於肉體；而無有愛則是來自於心的分離。在量方面，肉體所占的部分遠多於心靈的自我，在質的方面，因爲心的分離所產生的迷惑則更大，苦惱的原因是存在於因分離而產生的小的自我。爲什麼如此說呢？因爲衡量善惡的是心，而非肉體。

而且，與其說性慾、食慾是與肉體有關的生理現象，倒不如說，因爲生理現象所至高無上的自我延續、自我保存的思想，是引起煩惱的因素，因此，這也是心的自我所引起的效用。

換言之，可以說是自我的心的部分，心的分離引起緣起，使人產生迷惑的。如此一來，無論如何我們都必須修正處於分離狀態（外在與潛在）的心，並且一定要將外在意識與潛在意識合而爲一。

倘若不能將其合而爲一，則人的迷惑也就永遠無法獲得排解。如果能夠合而爲一或是使其調和，就可將建築在外在意識與潛在意識間的這道隔閡、這道牆除去。換言之，我們必須解除思想層的業的自我。

解除的方法就是要消滅「集」的下一項，「滅諦」的「集」的原因。也就是說，無法消滅緣起的原因，就無法超脫釋迦所說的因緣，也就無法得道了。

如此一來，你便可進入四諦道理中的「滅諦」，不久便可找到光了。也就是說，人不分彼此，全部都能獲得開悟，這個道理是很明顯的，這就是四諦的道理。

在此，所要預先說明的是，今日的佛教分爲大乘佛教及小乘佛教，大乘佛教成立後，在家者也能夠得道。

在此之前的佛教，都是以出家僧爲對象的小乘佛教，對在家者而言，佛教是令人難以靠近，高不可攀的東西。而且，佛教似乎是難以理解，如果沒有清晰的頭腦，就無法瞭解。因爲要用頭腦去理解，然後才可實踐，所以，無知識的文盲根本無法進入佛教的領域。

到了大乘佛教後，便大量的接納了對菩薩行之人的服務，共同地以邁向淨土爲理想，並在確認了此目標後，將此大乘佛展現出了成果，因此，在我們周遭的佛教幾乎可說是大乘佛教。

因此，四諦的道理是大乘佛教？還是小乘佛教呢？「滅諦」的下一項是「道諦」，因爲八正道是實踐行，所以小乘佛教的色彩很強烈。八正道是以比丘、比丘尼爲對象是出家僧的標準，因此，其對象並非在家者。

如此一來，「滅諦」的方法論，就不光是菩薩行而已，捨棄肉體思想之理解及實踐，才是此處所說的方法論。

3 滅諦

要滅卻煩惱非得靠出家及禪定嗎

接下來所要敘述的是，有關煩惱的緣起及其原因。其次，試著去思考的是，有關消除煩惱的「滅諦」。

如前所述，釋迦在伽耶山頂所說的，因爲五官的作用，而引起心靈的迷惑，人的煩惱之火就是因爲迷惑而產生的。緣起是由十二個間接的原因所引起的，然而在這些間接原因之中，由五官所引起的心靈的迷惑，和我們的關係最深，因此它所產生的作用也最強烈。而這個作用的基礎是稱爲渴愛的三種慾望。這些慾望存在於人心的內部，和五官的作用摻雜在一起，並發揮其功能。

要想撲滅煩惱之火，首先應先以滅掉五官引起的自我主張爲目標，釋迦在伽耶山頂上的說法，就是以此爲中心的。

消滅五官所引起的六根，其方法又是什麼呢？

所謂人這種動物，第一、對於環境的適應力很差。第二、人類是保守的。第三、往往易盲信既成的事實。第四、會快速地產生執著心。由以上事情可知，消除煩惱的方法，其重點就在於出家；而這也是無需爭論的。

在家生活緣便會逐漸地產生，手銬腳鐐的牽絆也會產生，會讓自己陷於進退維谷的窘境。煩惱的痛苦，即使在死後仍會跟隨著你。還有，緣生是造成輪迴轉世的原因，使人必須不斷地再回到苦的婆娑世界。

出家是以斷除這樣的生活羈絆爲目的。要滅卻人的煩惱，首先要由出家開始，即使這麼說也不爲過。

支持著出家想法的理由，還有一項，就是萬物皆會滅亡的想法。萬物在人間的停留時間有一定的時限，因爲出現了仍會消失掉，因此如果受拘束於這樣的一個環境，豈不愚蠢。

即，滅諦的諦觀是來自於萬物皆會滅亡的想法。

痛苦與迷惑存在於追逐那會消失無影的人身上。且消失的現實卻又不會消失，會不斷地變化。這就和把沒有的東西視爲有的人，其思想會變得執著的道理是一樣的。於是執著心產生緣起，製造再轉世投胎後的羈絆。

自然界的變化，是因爲人認爲真有此變化，才會不變動，因此，如果人否定了自然界的變化，自然界就會停止其變動。把眼睛閉起來，外界就化爲一片黑暗了。睡著的話，一切的萬物便會從我們的視界消失。因爲張開眼睛才承認了事物的存在，也因爲如此，事物才會存在。

佛教，將其主體置於一個人世間，一切的各種現象都是由此發生的。因此，宇宙就是我的想法，天上天下唯我獨尊的想法，都是由此產生的。

由滅諦的諦觀來看，出家是必然的趨勢，是必然的結果。以釋迦牟尼爲榜樣，有很多的弟子們，模仿釋迦牟尼出家，斷除煩惱的羈絆，就是基於上述的理由吧！

關於滅，還有一項重要的事，就是出家後的所處狀態。只要出家就一切功德圓滿了，但事實上並非如此的。出家後的生活方式才是達到滅的重要關鍵。這個關鍵將關係到是否能得到諸行無常，諸法無我，涅槃寂靜的空觀，並能擁有禪定冥想的心。

即，禪定冥想可斷絕煩惱的羈絆，能凌遲保持心境的平安。緣起的相是不安、動搖及迷惑。這種思想存在於心上，便會變成緣，並發揮其作用不斷地湧現在人的身邊，心的平安能夠持續，則纏繞在心中的雲便會消失散去，如此，便可斷除緣起的根。

一切現象皆是來自於心的想念，你用心去想、去思考，只要能不拘泥於這些現象，便已達到滅諦的意思了。

禪定冥想是一切皆空的空觀，及由空觀所培養出的不動心。即使一切皆空，因爲在獲得空觀以前的自己是處於緣起及煩惱的正盛時，往昔的原因會結果，並顯現出來，而這是無法避免的。然而，即使顯現出來，只要不被束縛住，不要放在心上且能不動心的話，就能走向悟道的軌道上了。

很多情況就是累積了三年、五年、十年的修行，當過去的原因轉變爲果，顯出了某些現象的話，則會令人對其信仰產生疑念及不信任感，於是便招來，到其它地方去?或捨棄信仰?的迷惑與痛苦。在家的信仰者多有此種傾向，這是因爲在家者會以追求結果的現世利益爲中心。

佛教的覺醒地是稱爲本來、原因、結果之外的空的世界，過去的原因即使結了果，只要能夠忍耐、能夠擺脫束縛，你就能夠有所領悟了。

這點，和正道的目的是相同的。而且，唯有如此，才可依靠佛理。

在此，關於「空」，在佛教學說及正道之差異，希望各位能多瞭解。

「空」如剛才所說明的，正道所說的空即是色。因此，主要就是指無我慾的自己。在無我慾的生命中，充滿了神的能源、色的現象也會欣欣向榮的成長，生活也能夠獲得調和。

開在原野中的花是無我慾的。只是向著太陽伸展而已。無須和其它事物競爭的話，就不會有稱爲我的邪念。花的美就是來自於此的。

無慾的自我就是誠實地活著，即使看到其他的人、事、物等等，也不會有其他的想法，這就是無慾的自我的生活。即使其他的人、事、物等等是開闊心靈的材料，然而這並非是相互競爭的對手。

佛教的空是指「無」這個觀念。因此，空觀的眼中所出現的一切都是空的，諸行無常、諸法無我、涅槃寂靜之三法印，就是以空的空觀爲基礎，與其說佛教是以生爲目標，毋寧說是以死爲目標的。以供奉祖先爲目的之對死者的祭祀、偏向於一般所說的葬禮佛教，似乎就是爲了這個原故。以出家爲條件，爲了守住佛教的傳統，有些必須由在家者的布施來維持。

佛教，似乎可說是以死後的世界，後世之轉世爲主體的。

釋迦牟尼的目的地也是在此嗎?死者的供奉、來世,虛無的世界是佛教的目的地嗎?筆者認爲,釋迦牟尼對於活著的人,希望能指引他們正確的生活方式。

筆者感覺到獲得了釋尊的回響。恐怕這個感應唯有關心佛教的人才會相同。如果釋尊消失於虛無世界的話,這種感覺並非絕對沒有的。……

假相與實相存在於人的想法中

回到正題,在此說明有關正道之消滅煩惱的方法。關於緣起及其發生原因,正道與佛教的教義多少是有些差異的,然而道理卻是相同的。

心的相被分爲外在意識及潛在意識,因爲分開此二者的牆是「思想層」的東西,所以爲了要有這思想層,於是心的意識層,便被區分爲二了。

肉體、五官與顯在意識有著密切的關係,思想層可算是形成六根的根源。所謂的六根是顯在意識所產生,而留存於思想層的記錄、這些記錄會轉變爲先入觀。

緣起的原因在於五官之思想(外在意識產生的思想層),我慾的想念會使思想層變得更加地厚，使內在意識與外在意識的交流無法進行。

因爲交流完全停止了所以會產生相對意識，於是相對意識便會不斷地製造出孤獨、不安與動搖的影像。而這就是所謂的假相。

所謂的假相並非外在意識或五官本身。外在意識及五官原本就是實際存在的東西。由於外在及內在交流的停止而產生孤獨，而孤獨所產生的不安及動搖的想法，及孤立的自我這就是假相。自我爲中心的思想，就是來自於孤立的自我。自我所指的就是存在於無明觀念中的自己。而且，這樣的觀念、知識只會支配人類，人便因此無法得到幸福。

那麼，如果要徹底消除這種無明的思想及觀念的話，應該要如何才好呢？唯有外在意識與內在意識能夠順暢地交流，才是唯一可行的辦法。

佛教是經由出家的方式來斷除自我及我慾的因緣。但是，要脫離自我我慾，難道除了放棄我慾外就沒有其他的方法嗎！因緣，本就是沒有實體的東西，如果這種因緣能夠離開人們，就不會再出現了。就如同吃下去的東西，會被排泄出來一樣，如果將思想釋放出來，就會消失才對。於是便須再次製造因緣。因此，要斷絕這反覆不斷的原因，就要將我們的目光朝向事物的真實面。能夠真實地在生活方式上努力改進，就可達成了。

區分人類之幸、不幸；端賴要活在神的理念中呢？還是要去追逐我慾的思想，與此二者有關。

耶穌說過：「人是被理念、思想左右的」。然而，不幸的原因是我慾的思想及其輪迴，是因爲忽視神的理念才會招致不幸的。

佛教的課題主要集中於人的思想，並與該如何去消除我慾的思想有關。此點，將於談論「道諦」時再做說明。

佛教希望藉由出家來斷絕人的各種雜念。假如，讓人一個個地看某種事物，而卻能不拘泥於此事物，聽他人的話，他的心並不會受到干擾；言語正當、不賣弄無用的言辭；這些他都能確實做到的話，就能維持和出家僧相似的心境了。即使出家了，仍心有所繫，自我仍有所搖擺的話，則與不出家是相同的。

總之，不管到何處都要忠實地活用神理，並要相信神理。因爲幸、不幸的關鍵就在於神理中。

我想，釋尊所悟出來的道，是以佛這個大宇宙中的自己爲對象，所以才會產生出空或無的概念。

我們的內在意識中擁有宇宙的視野，能夠超脫個別的形態，所有的物體僅有一個形態。就是神的一元。

阿彌陀如來發願要救世間所有的人。人的內心原本就祇有一個。因此這個願望擁有可以達成的要素。如果不可能的話，就不會發此願了。

把宇宙當做自己的我，是神我一體的我。包含了這個我的內在意識和外在意識開始交流後，才可斷除各種因緣。由正道看到的緣起及其原因的滅絕，才可卸除阻礙外在意識與內在意識交流之思想層。如此才能擁有一顆毫無牽掛的心，要以此出家的心做爲我們的心，並身體力行才是。

在此，佛教與正道，關於心有很大的差異存在，因此，試著再說明一下。佛教似乎有將人心視爲假相的傾向，甚至於忽略了心。爲了要斷除緣起之根，因此希望能停止緣起的「思想」。出家禪定給一般人的印象，就是爲了要停止緣起的「思想」。

然而，人活著時，甚至於死後，都無法斷除這種「思想」。因爲「思想」是人的一切。斷除「思想」就等於死。但是，並沒有死。如此一來，問題在於「思想」是不是由我慾所形成的。

通常，人的「思想」是混合著正邪在運轉的。而且，在「生存的思想」方面所占的比重較大，因此苦惱會不斷地加深。爲了斷除「思想」、斷除緣起，而出家或禪定的話，可以說再也沒有比這樣更忽視生命的了。

人是爲了活，並非爲了死。斷除「思想」即使在瞬間做到了，然而卻無法永遠地斷除。「生命」是永遠的東西。

和今日的佛教教義不同的正道，就如同神要把一切都弄活似地，「在活的思想」中，繼續生存下去，而正道就存在於其中。「思考」的力量比不上神的能源。這種能源並非人能隨意製造的。

佛教並不強調神的存在，而趨向於以人爲中心的思考。所以，一切行爲只能視爲是被這種無形的想像所驅使。而且，多數的佛教徒因有現實變幻無常的經驗，容易被無常觀所吸引，而傾向於「無」的思想。

假相的「思想」會造成無常，產生變化。正道就是要把這種「思想」調合成神的理念（愛與調和）。

如此一來，確實能將消除煩惱的門拓寬，並且能在沒有死的生中，宛如佛教所指出的，人類行爲的主體及原動力是由「思考」開始的。並且無法離開思考。因此，我們只能讓自己的「思考」去順從神的理念（依據神的話，而產生的觀念、法則）。如此去做，我認爲即使有了錯誤，也不會被無常觀迷惑心志才是。

我認爲釋尊所宣說的佛教，是要世人的所做所爲符合慈悲的佛心。絕不可認爲今日的佛教已轉變方向去供養祖先，和傾向於「無」的思想。

死後的世界存在於一日的生活中

關於「滅」的道理，再由心的世界去看看。

心同時映照出了人間的世界與死後的世界，因此是無法分開的。在人世間所描繪的如果是苦的，那麼，死後也是苦的。在人間平安的人，則在死後也是平安的。因此，人世間與死後的世界是相連續，而並非獨立的。不同的是，在人世間時有肉體，但是，在死後的世界則沒有物理性的肉體。

然而，人心的思想及靈魂無論到何處都持續地存在著，但是，因爲穿、脫去物理性的肉體，穿著肉體時，就會認爲肉體就代表一切，而逐漸疏遠了心的世界。肉體很重而且不自由。因此，心也會變爲物理性的思考，於是會使人認爲肉體之心就是心死。

關於此點如稍加注視的話，肉體和心，肉體是三次元，而心卻是多次元性的形成。因爲心可以看到，能夠捕捉眼睛無法看到的世界。因此，三次元的人世間未必只限於三次元性的活動。有很多的奇蹟及靈的事件會合成在一起並發生效用。因爲，還有很多原因會變成結果、產生作用，所以有很多事情並無法依照個人的意思運作。

在這樣的結果之中有人世間、有心的世界。今世與死後世界的差異，在今世，肉體就成了今世的限制，有緩衝地帶，然而，死後的世界卻是殘酷地把事情直接的描繪出來的心的世界。這是以人間的標準所無法衡量。

換言之，在人間所交互描繪出的是天國和地獄，然而，在死後的世界，天國和地獄是很分明的，並不互相交錯。因此，人心只要存在於人世間，就能擁有可到任何地方的自由，並且生活。但是，這樣的自由會在死後被他人給分類了。會被區分爲喪失自由的人及並無喪失自由的人。

死後的世界在何處？可以說是存在於人心的。假定是存在於心，那麼客觀上是不存在的，但是心是多次元的活的，離開肉體的心就能在離開肉體的客觀空間生活。心或魂，在這個意義上是主觀的，也是客觀的。

總之，我們的心是如此形成的，邊描繪今世與死後的世界，邊呼吸。心的世界及死後的世界，特別是描繪輪迴的世界約被彙集爲三個。在佛教上稱爲「無色界」、「色界」、「慾界」。

「無色界」亦稱爲精神界，指的是追求精神的安樂。是以藝術、技藝、宗教的孤獨、研究等爲主。是以脫離俗界之精神的滿足爲對象的世界。

「色界」描繪相對的世界，將人世間的相表現出來。爲喜怒哀樂所左右，製造競爭的社會。

「慾界」是自我本位，傾向支配慾或是獨占慾，是描繪以物爲中心的自我滿足的世界。在此界的下層有地獄、修羅、餓鬼、畜生的魔界，製造赤裸自我的不安定的世界。

天台大師所說的六道輪迴，所指的就是慾界和色界，大概也包括無色界。由無色界的中段至上段的話，就到了擔任守護靈職務的階段。但是在精神上的滿足與色界、慾界相比較算是中上的，如果你厭倦這樣的滿足，或是有不滿的話，就會再淪落入色界或慾界中去了。天台大師所說的天上界，我認爲所指的就是無色界。

還有極樂的階層，所指的是免於爭鬥的仙人境、桃花源。如果厭倦了在此的生活，就會再度回到婆娑世界來，進入一個充滿了得失的漩渦中。

這樣的無色界的精神滿足是遠高於色、慾界的，因此，在無色界中潛藏著隨時掉落婆娑世界的要素。因爲如果要能由自我陶醉中醒悟的話，唯有往其他界移動，才是唯一的辦法。

因此，以上的三個階層就成了輪迴的世界。這些階層，存在於人的心中，在日常生活中，左右人的思想，所以就成了心層。

例如：以自我爲中心時，慾界的世界會在人的心裡擴展開來。如果要求他人承認別人的立場，並贊同自己的立場，就會將自己置身於色界中。然而，當你厭倦了這兩個世界，想要尋求趣味、娛樂，或其他精神上的滿足，或想逃避這兩個世界尋求孤高時，在你心裡所描繪的就是無色界的世界。

人的心，會因當時的環境及條件，而往來於這三個界。但是，在一天之中，那一個界所占的比例最大呢？就會成爲人的思想和行動，而且，這些就會成為心的世界，也會形成死後的世界。因此，死後的世界是存在於一日的生活中，這和未來死後的生活是有關聯的。

人類是最受恩寵的

心不斷地在變化，厭倦停留在一定的地方。因此，佛教就把這個心當做一個問題，而希望能把它捨棄，所以「滅」的問題就是要消滅變化的心，其用意也在於此。換言之，三界的心是沒有定居的，只有將心放在三界，讓它轉來轉去、輪迴，希望能將這個變化的心捨棄。

用其它的角度來看三界，「無色界」是「天界」、「色界」是「人間界」、「慾界」是「地獄」，我們可做以上的分類。

人間界就是人世間，人世間之事物看起來似乎是相對地，而且，可自由地往任何地方去的環境。天界和地獄與人間界不同，在某一程度被決定為一個階層，被分為善與惡，不像地上這般的自由。

關於死後的世界，佛教和基督教都將此世界分為天國和地獄，對於此點，希望各位能多加注意。也就是說存在於天國與地獄之間的是人間界。人在死後會被告知要去天國還是地獄。人在死後，四十九日內，就決定了他的定居地。但是定居地是天國、地獄，還是那裡呢？好像沒有中間地帶，假如是去中間地帶的話，就是要再度回到現象界，爲人生活。因此，佛教和基督教都將死後的世界劃分爲二個，並告知人會去那一個世界。

如此一來，人就有去天界、地獄的自由，但是即使能去天界，也有再回到人間的可能。如在前述的無色界中所說的一般，依然是存在的，因此無法找到安居地。

亦即，仍舊無法消除煩惱。昔日便流傳著「在三界裡沒有家」，因爲在三界裡沒有令人安心，可以永遠安住的家。輪迴的世界是沒有定居地的。纏繞著不安與孤獨，時間一到，便要回到死後的世界，或是再回到現象界。

如果把這些視爲現實的心的影像，就會有時憤怒、有時安心。但是，因爲不會有恆定的心，所以常會動搖，便會反覆地變化。

因此，無論如何必須將斷除煩惱的羈絆的「滅諦」之道理，當做是自己的東西，要時時牢記心中。這是釋尊的訓示，也是正道的目的。

幸運的是，我們做爲人，擁有肉體，能夠自由地移動至天國或是地獄。

能夠如你所想的一般，而且，甚至於也可到更好的世界去。

這個世界在佛教上稱爲佛的世界，所指的就是菩薩的世界。佛的世界姑且不提，菩薩的世界可說是任何人都可以去的。

這個界沒有自我的立場，要將自己置於神、佛的立場上來獻身，是一個感覺不到痛苦的世界，是心。似乎沒有自己。總是在神、佛的身旁，爲了要解除人們的痛苦、給予人們安樂，而絞盡腦汁、費盡心力的世界。

所謂的慈以梵語來說就是 maitoly。所指的就是友情、好意。所謂的悲梵語稱爲 kaluna。意味著同情、憐憫之意。換言之，所謂的菩薩就成了友情、好意、同情、憐憫之心。這樣的心是很少會有自我的。

即使是友情，也是會有自我的。色界的友情是相對的，利益相反時，就會分離了。菩薩的友情是沒有利害關係的，即使對方變了，自己卻仍舊不變。隨時都將對方當做朋友來接納，是有寬容性的。惡魔就是利用這點，來追求菩薩的友情。但是水和油是無法融合在一起，是會分離的。假如在你內心所擁有的是破壞和擾亂，那麼尋求菩薩友情的人就必須要負責了。

事物的準則是和諧、和睦的。如果沒有所求的話，事物就無法成立，這也算是心的世界。

菩薩離開了三界的自我中心，置身於神、佛的身旁。因此，神便會給祂永遠可以居住的家，脫離三界。將不會二度淪入輪迴的苦界。永住的家爲神的光芒所覆蓋、充滿了平安。因此，祂擁有了人世間稱爲安心的寶物，並且被賦與一般人所沒有的威力。

在佛教，將此威力稱爲六神通力。是種自在無礙的力，保護著他本人，並給他指引，爲他帶路。

這種力雖然看不到，但是它具有和直覺能力能夠發生敏銳的效用，及神通力相同的機能。

更進一步地，能夠獲得天使的支援保護，能過著安心、和諧的生活。並會被給予光芒，做爲永住的家的象徵，因此能達到安心。也因此他們並不太關心世間的評判及一般人的傳說，關心的中心是神、及成佛。而且在其被給予的場所，致力於活用神的理念。評判和傳說，是當時一般人的心理狀態，是會改變的。如果拘泥於這些評判、傳說的話，即使你有好幾個身體也不夠，且無法獲得安心。

煩惱的羈絆，要當你的菩薩心覺醒後，才能斷除，而要斷除煩惱的羈絆，唯有當你是處於人間界之自由的立場中，才能完成的。

這個意思說明了，人類是最自由的。你要感謝自由誕生於這樣的人間，然而這樣的恩惠，是筆墨所難以形容的，是極爲美妙、珍貴的。

我們能夠擁有這般的環境，是天大的恩惠，住在天界的人，就是因爲看到了地上的人間界的優點，而降臨人間界的。然而，在人間界裡，也佈滿了無數的危險圈套……。

那麼，看看以上所說的，我們的心被分爲五個階層。佛是最頂點，依序爲菩薩界、無色界、色界、慾界，色界所指的就是人間界。而且，死後的世界也同樣地被區分爲這五個階層，應可理解這五個階層決定了人死後其所居住的場所。

另一方面，即使說死後的世界，在我們內心是一個多次元的階層，然而在我們的心裡，如何地描繪這個世界，則死後的世界就會和你所描繪的一樣，此點希望各位能夠理解。因此，你死後的世界是天國，還是地獄、並非是你說要在這裡、在那裡，實際上，死後的世界是存在於我們日常的思想及行爲中的，也可說是存在於我們的心裡的。

而且，這樣的心層任何人都有，並非說他是無色界，而你所擁有的卻是慾界，總之在一天的生活中，你的思想和行爲傾向於那一階層，你死後的世界就是那一階層；人都個別地在描繪著其死後的世界。

心層愈往上的話，我們所看到的就會愈寬闊。魂的眼睛是向著內側的，這個眼睛如果向著外側，就會使我們的苦惱加深，也會令我們更加的迷惑。向著外側，無法看到事物的原因，只能看到結果，因爲結果是一種現象，只看現象，就如同要去捕抓雲似的，事物就會變得不清楚了。

我們是擁有肉體的人。肉體重，而且會產生物理性的作用。還有，三次元會有相對性的形成，但是，唯有如此，才能擁有超脫三界的機會；因此我們可以說，三次元世界與「滅」的距離最爲接近。

4 道諦

眞實是只有神存在的

關於釋迦的人間觀苦、集、滅、道的「滅」，繼續地說明。不知道其中的話是釋迦說的？還是佛教徒說的？但是，至少說一說，和正道的差異點。即有關「滅」的目的「空」，正道所指的是消滅自我保存的自我我慾，而今日的佛教所指的則是虛無。現在指出其差異。

在假相和真相的解釋上，正道將合乎神之理念的思想、行爲及三次元的一切視爲實際存在，即實相；佛教教義卻說虛無的空是真相，其餘的則視爲假相，關於這也略做說明。而且，最重要的心的世界，關於心的外在及內在、思想層、心的階段及輪迴，都稍做探討。

這個結果，希望各位能夠理解「滅」的方向是存在於，人是活在神的理念之中的。

還有，我認爲這些問題點，若透過把佛解釋爲神的孩子，則空及滅的解釋就可以變得很清楚了。

釋迦所說的正法，說明了聖書中所沒有的人間姿態，其內容分析入微，十分仔細、徹底。正因爲如此，所以動不動就神不在，有以人類爲主體的傾向，似乎是因爲如此，才招致誤解。

而且，佛教是智慧學問也是誤解的原因之一。無論如何地盡力，即使有萬卷書的著作，即使擁有大知識，絕對是不及神的。如果你想把金星置於腳下，或是即使你很小看這個地球，然而你卻無法製造出金星及地球。還有就算你獲得了六神通力，對你而言要製造金星及地球，並不是什麼難題。可是，由神來看，這只不過是小小的能力、小小的才能而已。

釋迦的佛教曾盛極一時，今日卻衰微了，概括其原因是，釋迦的預言也是當然的事，因爲神變得不清楚，並且厭倦了這個人間。業生的世界即使被否定了，神的世界是無法否定的。業生和神被混合了，而想要看這混合的現實，這就是佛教的問題點，也是衰微的原因所在。

世界的宗教人口中，佛教信徒不及百分之十。以基督教爲首，回教、印度教、猶太教等以神爲主的宗教高達八成。很多事物是無法用數的，但是，人心是正直的，神不在還是無法安心的。

真實是，只有神是存在的。人是其中一員，自然也是同樣的。除此以外所有的東西皆是無。

如此看來，「滅」就變得更加地明白了，痛苦及迷惑是存在於人的任性爲基礎的自我我慾之中。希望各位能夠理解。

擁有正確的目的意識來生存，才是消滅自我的方法，也才能消滅自我。出家、禪定也是方法之一，但是你利用這些方法來逃避，就毫無價值了。

成道的方法就是該如何地生存。就是要有正確的目的意識。

接下來是「道諦」的生活方式。即在現實生活中，要活用神的理念，才可找到實相的生活方式。

釋迦的開悟及中道

到了「道諦」釋迦的人間觀，就進入最終的階段了。「道」是通往安心的問路。梵語爲 Boidyi，也就是覺醒。

在說明「道」之前，簡單地敘述一下釋迦開悟之前的足跡。

喬達摩．希達多逃出了卡比拉，首先在阿喇達．卡勒摩仙的地方當了弟子。在此修行非想。到了第三個月，便已趕上了師父，但是喬達摩的心一點也不滿足，因此又離開了這裡，這次當了烏多喇卡．拉瑪普托拉的弟子。

在此修行非非想。在此，即使他已達到的烏多喇卡仙的境界，但是，他的心卻一直無法平靜。結果他知道了他的目的是覺悟，而不是這些東西，於是便開始了獨覺的修行。

二個師父的修行，並沒有不良的思想，或是不值得想的事物。但是，即使得到了心的平安，結果所獲得也僅僅只有這些而已。特別是離開了禪定三昧的話，心就會再回俗世間去了，卡比拉城的事就會再浮現腦海，思想便會再度受到干擾。要斷除思想，唯有在禪定中才可，離開禪定，便又回復到原本的自己。而且，在禪定中如明鏡般的心境，確實是清爽平靜的。但是除此以外，一點線索、把握都沒有。因此，便離開了兩位師父。

那麼，試著變爲孤單，又該做些什麼呢？想到後來，於是他想要像婆羅門教的苦行者及約濟（Yogi）的苦行者一樣，因爲喬達摩看到了煩惱的出處是人的肉體，因此，他便開始了苦行的生活。俗稱肉體行。此時，喬達摩將其目光朝向其所吃的食物，肉是一口也不吃，只吃米果和蔬菜。而且量很少，一日一餐。幾乎等於絕食一樣，僅吃少量的食物和水。

如此的生活，肉體行及禪定，一天天地持續下去，但是身體卻變成了皮和骨，漸漸地氣力也變得很薄弱。以前對於自己的體力很有自信的喬達摩，因為已持續了好幾年的斷食生活，身體當然會很衰弱。

這時候，好幾次惡魔靠近了喬達摩的周圍，並誘惑他。禪定時會不斷地看到各種事物，好像要被拉進幽幻的世界去。但是，意識清晰的喬達摩，對於出現在眼前的世界，最初似乎有些動心，但是，不會受其引誘。如果中了誘惑，自己的意識便會和他相通，因此心就會變得不安定。

而且，在禪定中所顯現的世界，如果常和現實的景況一致，自己的心境也會逐漸的開闊起來，然而，卻立刻又消失。

覺醒開悟並非事物看的分明，而是超越這些，存在於有把握的安心立命之中。分明的世界，只是物的世界而已，並非是使物體活動的深奧世界。

幾乎等於斷食的肉體行，使得身體變得像老人一樣地瘦小，氣力衰弱、意識也變得模糊，喬達摩領悟了斷食的限度。再如此繼續下去，不僅無法達到安心立命的境界，反而會讓自己慘死。沒有比未開悟之前就先慘死，更令人痛恨的。於是他對肉體行產生了疑問。覺悟的彼岸，靠苦行是無法達到的。彼岸又在何處呢?他鞭策著自己衰弱的身體，思考著。

事物不斷地運轉著。透過運轉可把事物保存住。是被保存住了，但是，將自己託負給這樣不斷運轉的事物，就會有煩惱出現，因此，無法擺脫生老病死的不安。轉動是正確的嗎?不轉動就是真實的嗎?假如不轉動就是真實的話，那麼真實又是什麼樣子的呢?

當他把身體浸到恆河的水中時，如得到神的指引般地覺醒，這就是稱爲中道的思想及行爲。在永遠不變的水中生態裡，首先找到了那種光芒。

恆河的水養育著地上所有的生物，使他們能繼續地活著，生存的力量如同永遠不變的水一般，是不可思議的力量。存在於人世間的物體，好像只有水是沒有形狀的。因爲它沒有形狀所以才能孕育萬物。

有形狀的東西會滅亡，但是，沒有形狀的東西似乎不會滅亡。水沒有形狀。好像有，但卻是無形的。因此，水可流往任何地方。即使是大地、草木、動物的體內，甚至於天空，水都能夠進入。簡直是靈與肉的混合體。

進入的力是不偏向任何物體的。所謂的不偏，就是存在於中道。即如果選擇人們可以理解的概念的話，就只有找這樣的語句，就是不偏向左右，像水一樣的中道。

領悟中道的喬達摩便捨棄了苦行。他向思嘉達要來了一杯牛乳，便一口氣喝完了。牛乳中的水在喬達摩的體內流著，他才知道活著的喜悅。活著真好。如果死了，連中道的神理都無法知道。一想到就這樣死了，令 喬達摩嚇了一跳。

雖然知道了中道的神理，但是，還沒有結束呢！終點站還在前面。為什麼呢？因為只是透過水知道了道理，然而心卻不能像水一樣的擴展。還有尚未瞭解的是，靈和肉是如何變成一體的呢？

等到體力恢復後，他又逐漸地朝向了最後的禪定。因為已經知道了道理。所以即使這樣地死去也不會後悔了。皮巴拉（**Pipala**）的禪定也是死的禪定。禪定持續了二十一天，是不吃不喝，完全的斷食行。

這期間，惡魔又再次地出現，不斷地勸他回卡比拉。但是喬達摩不為所動。隨著禪定的加深。喬達摩自己逐漸地離開地上，感覺像是飛向天空去了。進入天空時，遮蔽天空的雲層變薄了，不久，便又飛向了被金色所包圍的天空去。

此時，黎明的星星在腳底下閃耀著光芒。在地上看到的星星和在天空看到的星星，有何不同呢？天空的星星看起來像是悟道者的安居地。黎明的星星——金星是閃耀著金色的世界，像是故鄉的印象。脫掉並捨棄肉體只剩下靈時，喬達摩就快到達彼岸了。就是靈的星星……。

喬達摩知道他所要去的目的地時，人的業、輪迴、轉生，還有什麼是真實？什麼是假相？猶如走馬燈般地出現在他的眼前，看見了過去、未來，似乎加深了他的把握。而且，這些事情如燒在他的腦中一樣。絕對無法離開他的腦海。

對喬達摩而言，既然知道了彼岸，在人間的恐懼、對人生的懷疑，就如霧般地消失了。肉體的喬達摩及靈的喬達摩被區分開來，而且他知道，如果完全知道中道的道理，地上的人生就等於完全結束了。而且他似乎認爲，人生就是爲了要知道這些事情。

回到了樹下的喬達摩，如預定一樣，他領悟出了死。於是空曠的心境令喬達摩擴大得猶如宇宙一般。那種愉悅的心情是無法比擬的。對於喬達摩的開悟，連天地都充滿了喜悅。

就在此時，婆羅門教的神、梵天（天使、神的使者）出現在他的眼前，頻頻地說迷惑者得救了。喬達摩默默地聽著。對於這真實的回響，喬達摩逐漸地心動了。現在把你所領悟出的中道的道理做爲神理，傳給眾生。

已經簡單地敘述，從釋迦出家到大悟，這其中大致的經過。四諦的道理是釋迦親身經歷所得到的體驗。正因爲如此，所以充滿權威與真實。是很有動人力量的東西。

開悟前的人間及開悟後的人間，情況完全轉變，而且因爲靈肉一致所產生的靈力，對於傳道有很重大的幫助。靈力是因爲他的德才被給予的。那是梵天在他背後，借給他的靈力。人接受了這種靈力，就能擁有某些能力。因此能力的內容就是力的強弱，而力的強弱甚至於可與魔相通。

由神來看，這種靈力只是雕蟲小技，但是，對一個活著的人而言，有了這種靈力或通力，就可以減少迷惑，也能長久擁有平安的心情。依照人的能力及品德，這個人可獲得一或二種的通力。

如此一來，釋迦的弟子便有了某些傾向，就是將通力視爲一種標準，做爲消除煩惱的尺度。但是，這種傾向愈來愈嚴重，人們開始愈來愈依賴它，於是通力被濫用了，弟子們有人受到魔的侵入。於是不得不承認靈力也有弊害。而且，在世間錯把通力視爲也有靈能，於是通力和靈能的區分便變得不清楚了。

釋尊隨著傳道生活的進展，於是他將能消滅煩惱當做是成道的最高指標，並且要斷絕濫將靈力做爲標準的事件。安心的內涵就是中道的生活，因此很明白的就是離開了中道，人就無法獲得非常的幸福。

四諦的「道」，就是被置於這樣的中道的生活、目的之中。即使由修行的經驗來看，經由禪定可獲得精神上的平和，但是，一離開禪定就會立刻再回到苦惱中，而肉體行會使人心不斷地變小。因此二者都不可說是中道。爲了要獲得中道，就必須要去體驗，如此，在生活中的中道，便不會偏向生存的方式。

如此便思考出了中道的目的及方法，這就是「道諦」的理想狀態。

八正道是小乘的嗎？

四諦的道理至「道諦」，就算完結了。「道諦」就是成道，開悟的彼岸就是其目的。即「道諦」之目的，就是不重複再製造苦的原因。以佛爲目標，努力去做，才可安心立命。

因此要集中身、心、佛。即使開悟了也不會再往回走，這樣的覺悟就是「道諦」的條件。摩西說「竭盡精神，竭盡心思，愛神」，和前述的意思是相同的。

釋尊在達到此心境以前，便展開了各種道理的說明，摩西則很少做這樣的說明，因爲突然要人們將身心奉獻給神，一般都會不知如何是好。

要成就事物就必須集中心思。因爲不集中的話，結果會變得散漫。有些情況如：只強調各種的理由，容易途中生變，又走向回頭路。

如前面所說的，四諦的道理是出家僧的道理，不是在家者的道理。在家者有在家者的生活及目的。因此，釋尊所說的「道諦」對象是出家者，而非在家者。正因爲如此，所以便有其太嚴苛之處。

「道諦」的中心是與水有關的中道。思想和行爲不偏不倚，這就是中道的理念。而其內涵就是要有如佛般的舉止、作爲。換言之，就是不爲任何事物所束縛，只是一直朝著道的目標前進，這就是中道。

釋迦的中道是以八正道爲標準。八正道就成了歸依佛的生活方式。八正道就成了中道的指針。

八正道之列舉如下：

一、正見（正當地看。）
二、正思（正當地思考。）
三、正語（正當地說。）
四、正業（正當地做事。）
五、正命（正當地生活。）
六、正精進（正當地精進於道。）
七、正念（正當地禱念。）
八、正定（正當地入定。）

依此看來，中道的理念涵蓋了「正當、正確」的理念。正當地看、思考、言語就成了中道的支柱。

那麼正確的看法、思想又是該如何呢？如前所述的，就是在「苦」、「集」、「滅」的理解上要能正確。換言之，正確的看法，必須要理解「四諦的道理」後才可獲得成立。然而，要瞭解道理唯有實踐才可。並且要集中心力去實踐。如此，八正道才可成爲出家者的標準。

對出家者而言，其所擁有的立場是與在家者不同的。丈夫或妻子、親戚或子女，這些是在家者的立場。出家者的生活則是以師父、天爲父，以大地爲母，所以要離開相對的立場。因此，要使公平的看法和判斷獲得認同，八正道的實踐才可容易地進行。

釋迦教團，如此地做了八正道的實踐團，持續了約一百五十年（含釋迦在世時）。然而，釋迦滅後，在年輕人之間興起了納入在家者的思想。之後，又過了數百年，大乘佛教就誕生了。八正道是以個人的開悟爲目標，佛教的目的是在於達成佛國土；僅以個人的開悟爲目的是不可能的，於是大乘佛教便興起了。即使八正道是很難的，但也許是必然的趨勢。

八正道儘管是以個人的開悟爲目的，但是仍希望能將此理念不斷地推廣開來。在釋迦四十五年的傳道生活中最想表明的，就是這個願望。而且，他傳道的對象不僅是出家者而已，對在家者而言，也是可行的。對這期間的事將再做說明。

不論什麼事，如果是自己無法完成的話，要他人去集合，完成也是不可能的。要建造一棟房屋，如果基礎、樑柱不穩固，只要小小的風雨，便會完全崩塌了。因此，小乘佛教的生活方式是以成就事物爲要素。

但是，釋迦滅後的佛教徒，因爲發現了以前的佛教是小乘佛教，僅以自己的開悟爲目標，太過渺小了，因此，代之而起的便是大乘佛教。

大乘佛教的標準是六波羅蜜。即由八正道轉變爲六波羅蜜。所謂的波羅蜜就是梵語 **Pāramitā**。意味著到達彼岸的狀態。**Pāramitā**就是佛存在於我們的內在意識中。以筆者的說法就是神降臨在宇宙。其中，被稱爲佛的神之子降臨了。六波羅蜜就是經由六項戒律得到 **Pāramitā** 爲目的。這六項戒律就是布施、持戒、忍辱、精進、禪定、智慧。

大乘佛教與其說是作佛的道，倒不如說其主力爲菩薩道，而且大乘佛教具有非常廣泛的內容，是以自己及他人的同時成道爲目標。所以大乘佛教是自利利他的。倘若小乘佛教是以自我爲中心的話，大乘可以說是搭載世人至悟道之境的巨大乘輿。

簡單地解釋，就是希望大家彼此手拉著手、不遺漏任何人，大家都能到達彼岸的生活方式，就是大乘。如果不能達成此願，就無法達成佛國土。

看看六個戒律的前三項就是布施、持戒、忍辱，這些是視社會的背景需要所訂的戒律。而八正道在此點就不明確了。但如果以八正道來類推的話，我們可以瞭解這些戒律，毋寧說是極其自然的。

從前有一句諺語，就是追二兔者不得一兔。同時成道的目的是很偉大，但是這樣的理想卻有難以實現的疑慮。佛教在今日成了葬禮佛教，淪爲寺院的維持，對於這方面的事都不談。活的佛教變爲死者的佛教。因此，傳統和習慣遠離了事物的本質，這也是沒有辦法的事。但是根本的原因是四諦的道理完全消失了，因爲這個思想已經起了變化，並且被取代了。

關於四諦的道理，由「正道」來看，存有許多的問題點。只是，這些是釋迦說的？還是後人執筆改寫的？就無法知道了。但是，像這樣有論理性的成道論，或許再也找不到了。

針對大乘的同時成道，「正道」又是以什麼爲目的呢？「正道」是以八正道爲基本，並以此爲背景，要端正人的「思想、語言及行爲」。換言之，是以個人的安心爲優先。個人如果不能安心，佛國土及伊甸園的理想也就無法實現。

一人出家，九族得救，像這樣的譬喻，「正道」的條件，首先就是個人的確立。每個人都能與神相通，人間才可告別爭鬥。如果不能消除爭鬥，人間便會有一場大整頓，人應該親自去開啓最後的審判之窗。

「正道」除了有「思想、言語、行爲」這三項戒律外，還有「祈禱」是和神的一體觀及自他一體。愛己如愛人是耶穌的神理；這就是正道的祈禱。此點和小乘的八正道不同。但是，和大乘的同時成道之不同點，因爲祈禱是立於神旁的自我，所以和大乘佛教的次元也不相同。

正道的祈禱是站在神這一方

關於正道的祈禱是否相當於佛教的大乘？將再稍做敘述。

佛教是站在人的立場來解釋的。所謂的佛教指的是人的開悟。人不管是誰都能達到開悟，這是佛教告訴我們的。正因如此，佛教便努力地想要站在人的立場來看事物、思考、理解道理。因此，就變得非常理論性、哲學性。但是，因爲釋迦的領悟也是有超越這些理論的地方。所以佛教常給人一個錯覺，就是如果不是天才的話，就無法到達那個境界。

小乘是以自己的開悟爲目標，大乘則是轉法輪，使世人聞法而悟道。大家都行菩薩行，以佛爲目標。菩薩的語源，是到了大乘佛教之後才出現的。並非釋迦本人所說的。因爲釋迦的前身也被稱爲 **Bodhisattva**（菩薩）所以，大乘似乎是以 **Bodhisattva** 爲目標。

看看佛像等，佛的下面有各式各樣的菩薩，是光的使者，是天使，是支持佛的一群天使。並沒有對活著的人們打著××菩薩的口號。但是，到底是不是菩薩，這是神來決定的。

大乘是每個人都行成佛的菩薩行。總之是以佛爲目標，是爲了人而行的，並且自己也能得救，這就是同時成道。

對於大乘的這種立場、想法；正道在做祈禱時是站在神這一邊的。正道的祈禱，並不是站在人的立場；好像是存在於人的立場，但卻不然。是在神這一邊的，把光給自己（業的自己）和人們，這就是正道的祈禱。這樣的事就變成了自他一體的思想，或爲鄰人之愛。鄰人之愛是屬於大乘的。但是，事物之立地條件，神和人是不同的，因此，次元就不同。

例如：大乘之主體是如六波羅蜜所指示的人之努力，這一點和八正道相同。因爲即使有佛，但是沒有神，所以，中心就是忍耐的生活、自力的精進。因此，要靠自己，自己就是一切。

佛教就有這樣的前提，即人性是惡的、不是善的。還有，要努力爲消滅罪孽而行。如果是善的，即使在寬恕、救助上有進步的話，應該是好的，但是佛教卻沒有進步。

佛教由自力轉變爲念佛的他力，應該說是因爲無法忍受自力的嚴厲性。還有，對自己忠實是最需要他力。

然而，正道的人間觀，在此之前有神，人是神的子女，他的本性是善的而不是惡的。當善不見時，惡便會產生。我們想祈求神時，這時的祈禱是虛心的，而且是善的，是站在神那一邊。也就是說，虛心地祈求時，惡就消失了，然而卻充滿了光。這是觀念，而不是自滿。

持續虛心祈禱，心就變得開闊，產生光明波動，苦惱會減少，能夠得到平安。而且祈禱會使我們獲得寬恕，引導我們走向安心。祈禱和因為擁有罪惡意識而念佛是不同的。因為祈禱是存在於超越善惡的另一個世界。

然而，如果一切都以自我為中心，神就不會幫助我們，而心中的障礙就無法消除，苦惱的思想就會跟隨著我們，無法擺脫。

祈禱還可給我們奇蹟。把不可能的變為可能，大大地改變我們的人生。神是可以超越物理性的限制的，因此，對於祈求者及信仰者，都能將他們所想要的事物給他們。也就是說能給予他們進步。

如此看來，我們應當注意的是，佛教的大乘和正道的祈禱，在次元和救助上是不同的。因為祈禱是自他一體的鄰人愛的行為，所以與佛教大乘的思想是類似的。但是，二者的內涵有相當的差異。

八正道是永遠的路標

話又回到前面，看看四諦之道理，就是不再製造苦的緣起，要去接近彼岸的平安，而且，還要能夠持續做下去。如前所述，佛教設定八正道的生活標準，如果我們的生活能夠合乎這個標準，就可以到達彼岸。

以下對於八正道，將一一地略作說明。

正見——要知道四諦的道理，不要有錯誤的看法。換言之，就是對事物的看法，不可以五官的感覺爲中心。無明的原因，是因爲我們有只看事物的表面的壞習性，所以我們應該學著去瞭解事物的內面、真實面。

正思——不可讓貪婪、瞋恚、迷惑這三毒來污染我們的心。要有少慾知足合乎中道的思想。

正語——不可說謊、不可閒聊、不要說人壞話、毀謗他人。如果有些事令你覺得很無聊，你不可以捏造謠言，擾亂人心。然而，在世界上就是有這種人存在。在感情上自我較強烈的人，往往會有這種壞習性。即使有任何的理由，用語言來製造騷亂的罪是非常重的。在八正道中有正語這一項，連釋尊都非常地重視它。

正業——不殺生、不偷盜、不可沈迷於邪惡的愛慾中。嚴格地說，正業就是要端正事業，人的業端正了之後，才可離開最低的三個業。從別的角度來看，就是要在正確的目的意識之基礎上，從事和諧的工作。

正命——人不要在羞恥中生活。要盡義務和責任，但卻不可執著，要努力去過改變人爲靈的生活。有人就會有你和我，無法去除相對觀念，但是，改變爲靈的話，你和我就可合而爲一如兄弟一般。這樣的思想就叫生活。

正精進——是合乎道理的生活方式。並且要爲達成此生活方式而努力。道，如果自己一個人一直往前走的話，就會變得很狹窄、很嚴苛。因爲佛教的基本是自力，所以在這一點上就非常的嚴厲、自省和努力就很合乎這個基準。

正念——不論做什麼事一定要擁有意識、正當的識要牢記在心。所謂擁有意識就是要擁有目的的意識，沒有目的就會怠惰、會心不在焉，思想也會散漫。如果過著一生一日的生活，就沒有時間去發呆，日日新的生活體驗才會轉變爲智慧。

正定——靜心、深思念佛。主要的就是自省，同時，如能再加上深思禮佛的話，就可讓我們的心平靜下來，可使我們更安心。佛教是以人的立場及自力爲基本的，爲了要修養自己，就必定要尋找正定的行。正定的目的就是正見、正思等這七項規範要合於中道，才可成爲支柱，所以我們要完成這個重要的職務就是製造不動心。

八正道到了大乘佛教之後，不知消失於何處了，但是如此看來，八正道的內容比六波羅蜜範圍更廣泛、說明更具體，並指出了人正確的生活方式。一一仔細考量的話，不論那一項，都能符合時宜，所以，釋迦還是一位偉大的智慧者。

如果能夠老老實實地實行八正道，性惡的人也會逐漸地獲得改善，就能重新做一個正當的人。雖然不能成爲彼岸的佛，但是卻可脫離自我保存的迷惑及苦惱，亦能達到佛的前身——菩薩的境界。八正道也稱爲正道，由神的道來看，是心和行爲的偉大尺度，合乎於永遠的道標。

如果能夠遵循這個道標生活下去，就能由假相的人生確實地走向實相的人生。實相是永遠不變的道理，是貫穿人世間及死後世界的一道光芒。即使錯誤了、否定了這個人世間時，就會否定人世間的實際存在、實相。

八正道消失的理由，是因爲八正道是出家僧的比丘、比丘尼、標準，還有人的意志驅逐了一切。如此一來，得救的人僅是一小部份，沒有求道及熱情的人便無法得救。因爲八正道的根據是人性本惡，所以在佛教寺院化後，便消失了。

無論如何，如果八正道能在神光之中甦醒，正定的內容就會大大地改變，正定就成爲祈禱，七個規範就會同化於祈禱中，雖然不是非常的莊嚴，卻變得容易實踐。八正道因爲有了這樣的意義存在，而成爲永遠的道標。

信包含明白及斷念

苦、集、滅、道稱爲四諦，也稱爲四諦八正道。因此，關於四諦的諦必須要加以說明。

所謂的「諦」，就是要斷念，停止思考。從以前就有習慣說：「對事物要能斷念、想得開，這是很重要的。」並不斷地被告戒要捨棄執著的心態。因此，四諦的道理是一貫的，被當做可以捨棄執著的道理，而被提出的，並且以道理的實踐爲目的。即使我們一一地看十二緣起，也是很大的難題。如果有一點兒不清楚，而又非弄明白不可的話，各種的問題便會相互地纏繞在一起，即使花費一生、二生的時間，也難以解決。

斷念與弄明白是不同方向的。四諦的道理是想由各個不同的方向來告訴我們，斷念及弄明白之不同。

瞭解的程度應該到何處爲止，到如何的程度，就該斷念，想開了呢？關於這一點，四諦什麼也沒說。

因此，關於此點，你只好自己去思考看看。

如前所述，佛教花了所有的一切在人的努力、行這方面上。並認爲要獲得開悟唯有努力力行。但是，要用這種方式的話，就必須有相當的聰明才智，如果不能一心一意去追求的話，就無法獲得開悟。但是，話又說回來，即使這麼做，又有幾人能獲得開悟呢？

但是，在釋迦這四十五年的傳道期間，能夠達到釋迦之境界的人，又有幾人？還有，真正相信釋迦，精進於道的又有幾人？似乎是非常地少。

由此事便可窺知，釋迦的佛教是如何地難行苦行，是多麼地困難。

這麼說，關於四諦八正道的道理，也難以研究明白的話，八正道也就難以實行了。還有，要「弄明白」至何種程度、到何處就該死心、想開呢？這也無法弄清楚。結果，人們只好將自己的心及行爲寄託於易行道的簡易的他力行。

據說他力行也是有困難的。如果真的要做到絕對他力的話，事實上也是很困難的。不管發生什麼事，動不動就要依賴佛，這樣的人還是不多。如此一來，和絕對自力就沒什麼兩樣了，但是，如果有很多人願意去實踐，並且也能合於道的話，這也是我所樂見的。

釋迦曾經如此地對人們說明，要求過。四諦之道理的實踐就在於「三寶皈依」。

三寶皈依就是皈依佛、法、僧。梵語稱所謂的皈依爲 **shilana**，意謂著受到庇護。也就是獻身於佛及其教義中。一言以蔽之，就是相信。那麼，又該如何相信呢？就是相信佛、相信法、相信僧。

在此情況，關於佛、法，我們還可理解，但是，僧所指的又是誰呢？關於這個問題筆者以前也曾如此地想過，教團及本身就是僧的比丘，他們相信佛及眾生。然而，我總覺得似乎不是如此。

在此所說的僧指的是肉體的釋迦。換言之，教導佛法的指導者除了釋迦以外別無他人。釋迦滅後就成了佛教中的指導者、傳道者。但是，釋迦活著時就是釋迦了。所謂的佛指的是釋迦內在的心，因爲只要讓人都擁有一顆佛心、佛的概念就會普及。

但是，能領悟釋迦之人，就稱釋迦是已成佛之人，因此便稱釋迦是佛，這並無所謂。但是，我們應該重視的是釋迦也是一位僧侶；是傳道者、指導者的釋迦就是僧。如此就更容易理解了。

那麼，如此一來，在三寶皈依的範圍內，弄明白、清楚，能死心、斷念，這就是四諦的道理。

具體而言，回顧自己的周邊就會注意到事物前後的矛盾，但是，涵蓋了這些苦的緣起，不要做無盡的探索。如果去探索的話，是沒有界限、問題會不斷的湧現，儘管是學者，研究者也會陷入迷惑之中。

總之，要相信佛的話。相信可以讓我們死心、斷念，但是，有時會出現相反的現象，就是相信有時反而令我們去把事情弄得更明白、清楚。

這些事情簡言之，只要我們肯去經歷的話，就能夠理解了。相信具有如此大的要因，因此我們要重新去感受，相信所擁有的力量。

事物的混亂不清，是來自於不信，並因此才會產生。懷疑是無止境的。但是相信神、相信佛的話，就能夠免於不信。因此，在信仰、相信上便能夠得救，而不再懷疑、迷惑。

為孩子哭泣的雙親增加了，其原因之一就是因為對於孩子不信的原故。相信神、相信孩子，孩子也會信賴雙親。如果一味地責備、懲罰孩子，有一天，孩子便會對雙親產生不信任感，也會起而反抗雙親。

要相信子女的話，雙親就應該站在子女的立場上，為他們著想，要注意不可一味地以自己的情況來衡量。如此一來，親子間便能擁有共識，也能彼此相互信賴。

四諦的道理，也是要由這些現實的問題來說明的。這不光是腦筋的問題而已。還有，關於三寶皈依，這是不變的神理，並非觀念遊戲。

死心、斷念是由相信開始的。不光是死心、斷念而已。相信之後才能死心、斷念、抱達觀，才可將事情弄清楚、明白；如此便可發現，許多在日常生活中所料想不到的事，並且會充滿喜悅。

在道諦的八正道中有正定的禪定。禪定的內容就在於深思念佛，然而所謂的念佛深思就是相信，如果不信，就無法深思念佛了。雖然不信，但仍念佛，心就會動搖。

八正道的最後之禪定就在於信，因為要有信，才可發揮作用。四諦的道理已到了尾聲了，而其重點就在於相信。

要喚醒人們的行的佛教也到了最後循環，就是「相信」。希望各位能夠理解的就是，如果不相信神、佛，就無法到達彼岸了。關於此點，釋迦本身在進入最後的禪定時，將皮巴拉置於腦後，不去想它，並誠心地想著婆羅門之神。並將一切託負給婆羅門之神，才能立往後的基礎。但是，以佛來替代神，就會使問題更加地複雜。

無論如何，大家所要完成的目的卻是相同的。釋迦的悟道就在於其赤子之心，總之，就是要回到原點、出發點。這些，以我們的眼光來看就是前進，也可說是開悟，就是要我們回復本來的自己。

如果要找尋我們的祖先，那就是亞當和夏娃（二者被視為人的象徵），按幾何級數增加的算法來追溯人口增加前之基本人數的話，可知最初的基本人數是一男一女的。這中間的變化我不清楚，但是各種習慣的產生，將問題變得複雜化了，也因此不得不訂立困難的道理、苦修。省卻中間部份、回到原點，這種生活就稱為正道。然而，四諦的道理也是正道之一。然而要任何能達成的生活方式、行爲方才算是正道。

四諦是助人瞭解實相的橋樑

關於四諦，由各個角度，探討過了。其結果，四諦的根本就是「信」。不信，就無法理解也無法實踐四諦。信是加深理解、實踐的關鍵。

還有，如果將佛教弄得很困難，不易理解、實踐的話，人們便會遠離，因爲將人引入原因、結果的道理中，只會令人陷入哲學性的思考。光思考，則無法認識事物。而且，如果沒有經驗及相信，就無法獲得正確的見解、理解。

佛教被限制在知、意上，變成了與人們隔離的寺院宗教，於是釋迦便祇好返回天上，因此，佛教就變成了一種學問，並且連三寶皈依也因此被世人淡忘了。而釋迦所預言的末法時代的來臨，也就成了理所當然的事。包含了佛法的「正道」便登場了，可以說就是此原故。

正道以佛教的開悟爲目標，並且站在神這一邊，過著服務及奉獻的生活。因此能在實際的生活中，不斷地延續下去。離開實際的生活，就是在逃避做人的義務與責任，因此，能獨立生活，而又能因此而滿足生活方式，不僅否定了人世間，也否定了實相。

人世間及死後的世界都是實相。如果將人世間及死後的世界都當成假相的話，就是製造苦因，就是無明思想及行動。事實上，只有離開神的心才是假相。

四諦的道理是理解實現的橋樑，這是以人的立場所做的說明。也因此，會使四諦的道理更加地複雜。但是四諦，雕刻出了人的影像，並使其呈現在我們的眼前，在這一點上，使我們對於實相的理解，有非常大的助益。

我們一定要參考四諦的道理，才可加深對實相的理解。

第二章　假相與實相

「空」和信是相同的

本章的內容，包含了正道的祈禱，並且對假相及實相做番探討。各位高明的讀者也許會認爲，事到如今已無此必要。但是，從事實及現實，去解釋、去明白其意義，相信更可加深我們對這項問題的理解。

如前所述，四諦就是死心、斷念、抱達觀，如果不能如此，就無法正確地看、正確的思考事情了。關於這一點，有必要再去查明死心、斷念、抱達觀的真意。

如前所述抱達觀並非是放棄，因爲要相信神、佛，才能夠死心、斷念、抱達觀。如果放棄，四諦的道理就會變得有名無實，也會成爲無賴之徒的理論，那麼，對於四諦的道理也就沒有理解的價值，也會喪失其意義。

佛教所說的「斷念、抱達觀」是站在「空」的立場上來說的。佛教是以對神的相信爲理論的基礎。空並不是無。空是有。空是無我。

還有「空」和「信」是有什麼關連呢？還是完全相同的東西呢？

佛教隨意地提出了「空」，使我們迷惑。人活著時根本無法達到「空」

的境界，不論有任何的理由，都希望各位能夠瞭解。還有活著的人的心靈及思想，根本難以引導我們至「空」的境界。

「色即是空，空即是色」的解釋，因人而異，將「空」解釋爲「無」或「否定」，所以令解釋變得更加地不清楚，並且是很不合理的。拋開「無」或「否定」的解釋，老老實實地相信神，能多做到斷念、抱達觀的話，將「空」的意思轉變一下，就很容易理解了。

如前一再反覆的敘述，佛教是由人的立場來說明的。苦、集、滅、道的道理，說明了人的煩惱是始於「苦」的迷惑，而以開悟的「道諦」爲目的所構成的。八正道由正見開始，終於正定，並順著由人的生活逐漸轉變成佛的順序，是依次產生的。

這個意思說明了，苦是由束縛而來的，是來自我本位的思想，因此利己的思想是最強烈的，因此要知道道理，才可擺脫這樣的思想。這種狀態就稱爲斷念、抱達觀，就是空。

對事物能想得開，抱達觀，能將事物視爲空時，我們就可以看見事物的真相，就能擁有智慧、也能安心；這些就是釋迦給我們的訓示。祇要被事物所束縛，我們的眼睛及心靈便會產生偏差，就會無法看清事物了。

釋迦說人是自私任性的，爲了自身的利益，而利用神，因此人應該徹底的注視自己的心靈，要將此種不明弄清楚。神並非不在，而是爲害怕人隨意地祭祀、崇拜偶像。

神和人之間是有距離的，錯誤的偶像崇拜，是因爲人爲了尋求自身的利益所產生的問題。並非神、佛被否定了。雕刻神像，設立祭壇也會產生問題，然而，比這個更嚴重的就是，這些神都是人們爲了自己的利益而製造出來的，所以這是很可惡的。

釋迦說，要相信佛，佛指的就是釋迦。所謂的相信佛就是相信釋迦，如果這也稱得上是偶像崇拜的話，那麼就連佛也被否定了。釋迦否定偶像，但是卻沒有說過要否定佛。

相同地，是摩西之神也令人們設立祭壇，並向祭壇跪拜，崇拜這主神。假如說這也是偶像崇拜，那麼摩西之神，其所作及所言就不相同了，但實際上是一點差別也沒有，因爲設立祭壇是希望人們不要忘記了主這位神。

耶穌果斷地說相信我。耶穌的心在人世間是空的，因爲他所擁有的思想只是祂是神之子。假如有其他人說相同的話，那麼此人也必須做和耶穌相同的工作。就是使暴風雨平靜下來、讓死人復活、給失明者光明，馬上治癒不治之症。假如有人說我是耶穌再世，我在耶穌之上的話；那麼這個人必定會受到神的懲罰。有小小的靈能就變得傲慢時，人就會下地獄。即使是耶穌也要崇敬天父這位神，對於自己的能力，一點兒也不自負，這是因爲祂的心是空的。

所謂的空，就是沒有自我的心，一心一意地相信神。所指的就是已達到斷念、抱達觀的心。因此神之子、佛都能看透人的過去、現在、未來，是充滿智慧、充滿愛的。

八正道的正確性，如果失去了空的斷念、抱達觀，就會變得紊亂。如果有自我保存的思想，則他所能看到的就只有對自己有利的事物，因此會喪失了中道的客觀性。而沒有客觀性，也無法期待會有正確性存在。

人世間的各種法律是人們想要表現出正確性而訂立的。然而，正道的正確性是存在於法律以前之心的動向中，法律會因時代需求而有所轉變，心的尺度是與時代的存在無關的。

就如同太陽、水、空氣並不會因時代不同而有所改變，人心的尺度必須是存在於以神意爲基礎的這些會呼吸，有自然的生命及生活之中。

在這些生命中沒有自我。只是空的。有的只是孕育其他生命的思想。並不想擴張勢力，也不想使各處都浸在水中，只想讓生命活下去，除了幫助其他生命繼續活下去外，其他什麼也不會。只是老老實實地持續生存下去。

對他們而言只有「無心」的相信。因爲有「無心」的相信，他們的生命才不會增加也不會減少。所以沒有生的話，也就不會有死。正因爲如此，所以能夠經常保持一定的質量。

如果在這裡有自我產生，苦惱和迷惑就會產生，有時會增加，有時卻會減少，會有死、也會有生，會令人踏入一個一喜一憂的假相世界。到那時，自然界也會變得混亂、地會裂、空中會有雷聲隆隆，大火會燃燒大地、大雨及海嘯會使這個人間變爲一幅痛苦哀嚎的地獄圖。和人間四相（修羅、餓鬼、畜生、咒念）沒什麼差異。

很幸運的是，自然是存在於空的。因此，可成爲人心的依靠、給予人們一個價值尺度衡量的標準。正確性因存在於空的虛心中，所以才能夠實行。

因此，有自我思想的地方就無法要求其正確性了。空是存在於活的事物及相信之中。而非無及否定。

無和否定，本來是沒有這樣的東西的。自然及人們都有實體。因爲拘束於空這個文字，便將「空」當做「無」解釋。於是便產生了這種不該有的解釋。因爲這是說謊，所以令人難以理解。而謊話永遠都只是謊話。

正確的看法，稱空是由斷念、抱達觀而來的，因爲有存在於自然中的虛心的相信，所以空的涵意才可成立。

相信神，當愛在心中滋長時，我們的心才能獲得空觀。我們才能擁有正確的見解。在此，是沒有無及否定。有的只是實在的神及愛。

如此看來，空和信是同一個，並非是個別不同的概念。因爲把空當做無，所以我們無法瞭解這個概念。而，把空當做信時，空的真意就會變得很明顯了。

人的思想不論在人世間，還是在死後的世界，都不會變成無。往彼岸（空）的思想是無止境的。但是，因爲把這種思想當做無，所以便有不合理的事發生，要往彼岸卻變成了要往那邊，於是走了又走，只會越離越遠。

當我們決定要相信及愛時，我們的心中就會有彼岸存在，於是當我們看事物、思考或行動時，我們的一切就會回歸於自然，所以我們便能夠處於能使一切生存的神之子所給予我們的安心之中。

般若心經的「空」

「空」的概念、是如何表現出「事物的實體」？在此，敘述一下。

釋迦到底是如何地領悟出什麼呢？並因此才四處傳播佛教。如前所述四諦的道理就是，而領悟的根本即釋迦能瞭解「事物的實相」。

釋迦所領悟出的東西，直接了當地說：就是經文，其中流傳至今的有『般若心經』。這部經的特點在於它載明了開悟的內容，也是人們最喜愛的一部經書。

雖是非常喜愛的一部經，但是這麼難的經似乎少有。雖認爲是很寶貴的一部經，但卻不瞭解其內容。就因爲無法瞭解才覺得寶貴。直至今日仍能夠擒住人心的，就是『般若心經』。

『般若心經』是在中國敦煌的石窟中發現的。被發現的心經是以梵語寫成的。這是關心心經的人，就是後來有名的唐朝的玄奘三藏。他爲了瞭解心經的內容，花了十九年在印度學習，這漫長的旅程及大半的人生，可說都是花費在這上面的。

於是，三藏法師便將梵語的心經譯爲漢文，就是今日的『般若心經』。

接下來，將有關於『般若心經』的核心部分做番說明。如各位所知的，心經的核心部分就是：

色即是空

空即是色

如果你能瞭解的話，就連釋迦所領悟的事物你也能夠瞭解。它的意思是今日的定說呢？還是指下列所要說明的東西呢？

色表現出來的是形。形，就是存在於我們眼前之物質的現象等的現象界。空，就是事物因某種因緣，而產生的，因緣是沒有實體的，因爲梵語被如此地解釋，所以人們便把空當做無，而否定了事物。如此看來，

這個結果

色即是空

事物的實相被解釋爲什麼也沒有。

佛教的基本形態，便發端於此，而佛教暗中的發展形勢，就是以虛無的無常感爲主流。

然而，「色即是空」的相反表現「空即是色」，我們又該如何地解釋呢？這又是一個問題。色就是空的話，以此來說明便算是說明完畢了。敢說明空就是色的人，我認爲他一定懷有某種意圖。相反表現的四個文字其解釋，乃因人而異。也因此「空」的意思便模糊起來了。

定說，如果和前面四個文字結合在一起，那麼，空（無、否定）的空（無、否定）就是事物的否定的否定，因爲事物爲顛倒過來，所以就變成了肯定。即「空即是色」是將事物當做有。也就是說，事物是無法否定的。

由此結果，則八個文字的解釋，就變爲如下的說明了。

「現象的實體，本來是沒有的，但是，就因爲沒有，才會有現象。」

應該沒有人能夠理解這樣的說明吧！再更平易地重新說一次，「事物本來是沒有的，但是，還是有。」對於這樣的說明，愈來愈不明白了。

如果你能瞭解釋尊所領悟的，那麼你就成了第二個釋迦了。或許就是因爲有不明瞭之處，所以才需要去說明。還有如果利用文字及語言就要體會出實相，是沒有這麼簡單的。領悟的涵意是要親身體驗的。文字和言語只不過是領悟所須的道具罷了。

關於空，至此已多次敘述過了，想必讀者也已有所瞭解。關於梵語漢譯，玄奘三藏爲何不把空譯爲「無」，而要譯爲「空」呢？

如各位所知，玄奘三藏是唐朝人，而非印度人。在唐朝「空」這個文字，在概念上並非是無，而是做爲數的概念在使用的。

數是由一開始，然而即使數到好幾億、好幾兆，也數不盡，是非常大的。數所指的是非常大的數字，是數不盡的數字，可說是不可思議、無量、大數。相反地，數的概念所指的是二分之一、百分之一、一億分之一，像這般小的數字。像這樣小的數就會變得模糊，不易判斷、短暫，不久就會變成空的世界。也就是說，空是眼睛所看不到，最小的數中的一個，但是，並不是無。數很小，但是，它還是做爲一個數而存在的。

玄奘三藏花了十九年的歲月，所體會到的，事物的實體並非無，而是空。空聚集在一起，便會形成形。空的內涵是光。光聚集起來，就是現象界的色，於是構成了形。三藏法師的領悟雖不及釋迦，但對釋迦所想要表達的涵意，卻也能體會得出。其結果便將「色」譯爲「空」了。

將「空」的概念應用於人心，就不會擁有太多的慾望，如明鏡般最少慾念的心的人就可發現「空」。觀自在，就是由已達到「空」的心所產生的玄妙心窗，即心眼。這並非是由無所產生出來的。是由有的空，而逐漸使自在的心擴展開來，所以才能產生「觀自在」。

我們呼吸著空氣並賴以爲生。空氣是眼睛所看不到的，也沒有色彩。因此，我們總覺得好像沒有空氣似的，是空的。然而，空氣卻存在著。如果我們分析空氣的成分，可以知道，空氣中混合著各種物質，可使動、植物不斷地活下去。因爲是空的所以才能幫助動、植物成長，生存。假如空氣也擁有慾心、有強烈的執著心，會因對象的不同而給予差別待遇，空氣便會喪失了，幫助動、植物生長，生存的力量，並會面臨不斷遭破壞的命運。如果是無的話，也就無法幫助生物成長、生存了。

正因爲如此，所以不會被破壞，能一直地受到保存。也因此，在空氣中有空的本質及實相存在。以其他的釋句表達的話，就是無我、無心、無私。

諸法稱爲無我。就因爲諸法是空的，所以即使做爲法也仍然存在。

如此看來，

色即是空——

山川草木的自然界中，並沒有自我。有形的東西就是空氣。

空即是色——

事物因爲是空的，所以會有自然界，空和色原本就是相同的。

物質界因爲構成了稱爲空的自他一體，所以能夠不生不滅（沒有生，則不會有滅）、不垢不淨（不堆積污垢，則無須去污垢），不增不減（不增加，則不會減少），而能夠永遠地生生不息。

有形的東西未必會停留在一定的場所，但是，構成了形的空的粒子，因爲改變了形態存在於我們眼睛所無法看見的大氣之中，所以只要時機一到，便會再回復原有的形。因此，空意謂著永遠地生生不息。

人只要擁有自我（慾心）的思想便會製造各種因緣，而這種因緣所引起的動態，似乎看得見，但是，存在於此的，完全不是實體。因爲沒有實體，所以我們便稱這些爲假相、也稱爲無。將色視爲假相的話，則八文字的理解就會變得很困難，也就無法瞭解其眞義了。

假如玄奘三藏把空當做無，就無法瞭解觀自在的心了。三藏不把空當做無，而當做空，這並非只是用他的頭腦去想，而是親身體驗所領悟出來的。儘管如此，他能懷有空的思想，眞是令人感佩。

如此看來，事物的實體是存在於空，因此，我們可以理解的是，釋迦的開悟，是透過空的心才領悟出來的。觀自在並非雙面性地捕捉事物，當我們的心接觸到二面的奧妙的空的世界時，觀自在便會表現出自在力。

以如此的方式理解了事物的本質之後，在現實的生活中，我們又該如何地應用，活用這個思想呢?如果有正確的活用方式，我們的人生便會成爲實相的人生。那麼，此生你便可得救了。

心的實相

人在日常生活中，如果要人不要有「思想」、「思考」，那麼人就無法活下去。心如果代表一切的話，「思想」就成了生活的支柱。如果什麼也不想，人便只有死。「思想」是生活的動力、生活的來源。

如果是這樣，我們在日常的生活中應該如何地活用此「思想」呢？能有使我們的心不受污染的生活方式嗎？自我的思想會把鏡面弄得模糊起來，如此一來，我們只好用自我的思想以外的思想來生活。鏡面（水面）、鏡面的內側（水中）這些環境、才能都是神所賜予的。結果，我們應當以合於神意的「思想」來過生活，於是，這種生活方式便成了自我思想與神的思想的重要關鍵了。

神意就是愛，人要懂得去愛，付諸行動，愛才會存在。人活著就是爲了愛，人是無法在生存競爭下生活的。神的愛才可讓人活下去。生存競爭是以自我爲中心的。世界上，如果能停止生存競爭，人類就能快樂地生活，但是因爲人有想比別人更優秀的野心，所以苦惱和爭鬥便會持續不斷。

人間界如果能停止生存競爭，動物界的弱肉強食的情況也會結束，肉食性動物轉變爲草食性動物。在這樣的環境下，弱肉強食的動物，便會由地球上消失。人類的鬥爭心才是騷亂的癥結所在，看看動物的形態，人如果也像動物一樣地來看事物，那麼事物就會顛倒過來了，因爲人是優等動物。

「思想」如果能擺脫自我，被付諸行動的話，這種思想和行動便可擺脫諸行無常的變化，一生便能過著最上流的生活。這是永遠不會消失的實相生活。死後的生活也能如此地持續下去。能夠製造和睦氣氛的人，死後也能夠和睦的生活。因爲他已維持在某一水平之上了，是不會再發生變化的。

但是，因爲自我的思想是騷亂的罪魁禍首，即使在人世間也要受不斷變化所產生的痛苦。更何況死後的生活，也是一樣要落入不斷變化的痛苦深淵中。使人痛苦者必將受苦；傲慢者也必將受苦刑，直到他的心不再傲慢。易燃起怒火者，必將淪入火炎地獄中；吝嗇者必成餓鬼、鬥爭者需入修羅界，因爲人心不得片刻安心，所以將人世間稱爲假相。本來，是沒有假相這個東西的，但是因爲我們在心中描繪著假相，於是心中便產生了假相。

如此看來，對我們而言，怎樣才是得呢？要能夠獲得永久的安心，除了遵守神意之外，別無他法了。

茲將前面所敘，圖示如下：

思想
- 愛（無我）——和諧——一流——安心——實相
- 自我——不和諧——變化——不安、爭鬥——假相也就是說，人的思想有兩條道路可行，要選擇那一條，則依個人的自由意志而定。

假如你有了自我的心，那麼你的各種思考，將會變得皆以自我爲中心，人生中就會多變化多波折。心總是起伏不定，無法平靜，也會引你不斷地走向無明的深淵。

但是，如果你能一心地追尋神的愛，常常去追求以和諧爲目標的生活方式，有一天你就能獲得安心之鑰，而能有一流的生活方式。

還有，當你充滿了這樣的思想時，心的鏡面就會變得平穩，而能使你的前程充滿光明，避開苦難，還可體驗奇蹟，尙可獲得神的見證。於是，更加地知道神的實在，心靈也會愈來愈平和。

端正自己的思想、言語、行爲，使其能合於神意，則將使自己擁有，使自己的心境轉趨光明的神奇力量。

如能到寺廟過過禪修及一成不變的生活，對於以往不清楚的事情，就如同解開了糾纏的絲般地獲得瞭解。實在的事物，只有閃閃發光的實相的心及世界才是。

其他的事物，是人們任意的思想、想法及知識。這些就如同飄浮水中的泡沫，會消失、是無常的東西。

所羅門的榮華只是幻影，盛開在野地裡的花，才存有實在。因爲野花即使經過了千年仍然不會滅絕，依然持續開著花。但是，所羅門絕無法二度看到光。所以真實就存在於此。當我們將目光朝向真實時，我們才可像一朵野花般存活下去，這些都是由經驗中所學習到的。

由假相的信仰轉爲實相的信仰

正當的思想就等於要我們敞開心扉，因爲在這其中才能有直觀力。像這樣潛藏著直觀力的人才會出現。如果他不斷地以靈能爲目標，他的思想就會變得不合情理，靈能對他而言也是毫無價值的。價值是存在於平和的心中。能製造出平和的人才是有價值的人。

正道的第一條件是相信正當的神，這並非盲信、狂信，因爲在正確的理解下，才能加深我們對神的相信。

動不動就以信仰爲名，只是一味地相信，不知關心其他事物，往往會成爲獨善其身之人。在此的解釋可用一句「和而不同」來幫助我們瞭解。這句諺語就是：即使順應環境的要求，但心卻能不受污染。雖然順應環境但心卻能不爲所動。這種感覺，必須有正信及柔和的心，隨著時間的流逝，才能夠有所理解。

在這樣的環境中培養理性，對於其他事物就不會產生失調感，才能使我們的心胸更寬大。才可由不信賴的信仰轉爲能信賴的信仰。我們的心靈就會更加地寬大。耶穌和釋迦都擁有這樣寬大的心胸，因此，我認爲人們也應該去追求這種寬大爲懷的心境。

我們要努力地使自己的思想、行爲合於神意，才可找到通往安心、平和及彼岸的道路。先人的教訓就是不要去重複相同的事情。競爭、過於相信都是不合情理的。道的大門是敞開的，只要我們不迷路、往前走的話，就可以到達了。因爲現實的、靈的現象（事物的結果），是我們無法濫用了。

即使我們看見了靈的世界，心如果不正，你也無法瞭解，反會使你更加的迷惑。還有，如果知道靈，如果心變得像鐵似，那就大錯特錯了。靈的領域是無限大的，即使花一生、二生也不能理解。因爲就算進入神的範疇了。

雖說是惡靈，也必須要借助神的能源才可生存下去，而這個範疇是既大又廣的。

能夠和靈的世界相連繫的，就是我們的心。會思想、思考的人和靈的世界有密切的關係，而且會思考、思想的心是坦誠的，祇要相信神的，就能與神的靈域相通。這比去窺視靈的世界更重要，這一點是非常重要的。因爲靈和心是相同的。

善惡的心就會招來善惡的靈，所以我們目前的心靈狀態就是一切。現在的心不正，就會偏向靈，就會被靈力或神秘力所引誘，而這種人的悲劇卻是古今不變的。因爲這些都是本末倒置的。

因此，我們要相信能拯救萬物、正當的神，培養一顆坦誠生活平靜的心，重於一切，幸福的條件就在於此，別無他法。

我們來觀察人身旁的一種風俗習慣，並看看什麼是實相，什麼是假相。

在一般人家中都會有神龕、佛壇，祈求一家平安。

一個房子內同時有佛壇和神龕，也不值得驚奇，因爲人們有自己的信仰風俗。在印象中，所謂的神，就是媽祖、土地公等；佛的方面以釋迦爲主，並祭祀先祖的靈，一般認為死者大概會進入佛道。人們希望死後能成佛。人活著時與神有血緣關係，死後卻要依靠佛，向佛祈求平安。如果仔細想一想，這是相當怪異的信仰。

在埃及也曾有過很多的神，這其中以太陽神為首，其子做了現人神，在他的上面有一位王。另一方面，他專心地製造木乃伊，在造墓上及造神殿上都有相同傑出的表現。活著時服侍王，並且崇敬太陽神，在臨死前才來到（六界大王）之下。

埃及人以米為主食，副食則為蔬菜及魚。這點和我們也很相似。神和佛是沒有爭鬥的，彼此間相處融洽，並融於生活中，古代的埃及和今日我們的信仰風土很相似。

對於這樣的風土，面臨了要問一問其是與非。在此要敘述的就是，關於神道與佛道的感覺，人們就如此毫無疑問的接受了。

神與人類的生死是無關的存在者，我們要理解佛的存在，所謂佛，是指瞭解神的存在，且觸動神之心弦的神子（靈）。

因此，神是大宇宙，人是實現和諧者，在人世時，要服侍神，在死前要服侍佛的這種想法，再怎麼想，也是不合邏輯。

死者永眠了，的確如果能長眠，就什麼也不知道了，那麼已死的人也是快樂的，活著時，能夠隨自己的喜愛過日子。死者就因爲這樣的原故而希望能化成佛。而跪拜以自我爲中心的願望就存在於人的心底，就因爲有這樣的願望，所以才會形成今日的信仰風俗。

活著時如果是生的活，那麼臨死前也是生，不會死的是人的靈、人的魂，假定是這樣的話，那麼活著時信仰神，死後就會化成佛的想法根本上是錯誤的。人與肉體的生死無關，但是，一定要一直不斷地服侍神。因爲只有在這裡才有實相存在。

區分生與死，連信仰也區分爲二的話，那麼在人世及死後的世界，仍要不斷地迷惑，因爲自尋苦惱就得自己擔。

人的「思想」及「思考方法」爲人帶來各種命運及人生是否能夠幸福，這一切的決定都操之於人的思想及思考方式，關於此點，希望各位能重新理解才好。

「思想」及「思考」並非很重要的問題，如果我們隨著風俗習慣，就如此渡過一生，那麼，當孩子們玩著不良的遊戲時我們便會感到憤怒、當買賣不如意時便失望、當生病時便擔心不已。

我們要擺脫這種一喜一憂的人生，要擁有正當的信仰、正確的思想。還有，言語及行爲都要以此爲基礎，並朝向正確的方向走去，我們便可逐漸遠離一喜一憂的環境，如此一來，即使面臨死亡也不會驚慌，死是第二個人生，可使我們昇華至佛（開悟）的心境，可成爲神的使者，可獲得永生。

由假相的信仰覺醒，轉爲實相的信仰，才是走向幸福的第一步。

癌細胞的威脅

轉變一下話題，現在人們在衣、食、住都變得很富裕、充足。只要肯花錢，不論任何想要的東西都可得到手。

在這個幸運的國度裡，麻煩的疾病愈來愈多，完全沒有減少的趨勢，這又是何道理呢？死亡率逐漸上升，如果罹患了這種疾病，最後的命運就是迎接死亡。如你所知的，這種疾病就是癌症。

原因有各種的傳說，但是，並不清楚。治療方面也尚未有肯定的療法，以鈷放射線來殺癌細胞，或是以手術摘除，到如今都不是很有把握。

癌症大約是三千年前，在印度和埃及發現的。當時並不像今日這麼氾濫，在古代這種疾病，並非像今日被當做是不治之病，讓人們非常的恐懼。因爲癌症是文明病。

癌症是非常恐怖的疾病，所以癌這個字甚至於成爲了惡的代名詞。當事物無法順利進行時我們就會說：「癌（原因）就是這裡」或「他就是癌」。

在我們要來想想致癌的原因及預防方法之前，應該先看看我們的身體是由那些結構所組成的。

我們的五體（人體）就如同是個小宇宙。我們的五體大約是由六十兆個細胞群所組成的，六十兆這個數又和在宇宙中閃爍的星星的數目大致相同。關於此點，我無法證明，但意思就是我們的五體是個小宇宙，因爲我們要把大宇宙縮小。

五體之中有五臟六腑，所謂的五臟就是肺臟、心臟、脾臟、肝臟、腎臟。六腑在漢方醫學中說的胃、膽、大腸、小腸、膀胱、三焦。

這些臟器，各由其固有的細胞所形成，也有其特定的功能。就如同大宇宙是由許多的島宇宙形成的，五臟六腑也會形成島宇宙，由一個細胞來看我們的人體，就如同我們眺望天空，會因爲其寬廣而驚嘆，我們也可以感覺到人體也是很大，也是沒有盡頭的。

這般的五體及宇宙其結構是非常相似的。還有，試著去比較人體及與人最接近的地球的表面，我們可瞭解此二者也是非常相似的。

地球分爲水（海）的部分及陸地。其比率爲七十一比二十九。而人體之構成水分也是七十一、燐、鈣也是占二十九的比率。還有，地球上的人類，現在是四十多億，加上動物、植物，再加入生物，就是一個龐大的數目。這個數目約等於人體細胞群的數目。

進一步的是人類創立了各個國家，設立邊境，維持固有的民族意識，並生活著。因此，如果我們把這些國家和固有的民族比喻爲一個人體，那麼，人體內就有許多的國家存在，這些國家彼此相互地爲對方工作，以維持人體的運作及所需。當然在這之中也包含了動物群、植物群。也就是說，我們應該注意的是，地上的各種區分和人體內的區分大致相同，不太有變化。

總之，人體和地上的職務劃分是非常相似的。某一國家變得傲慢、有野心，想發動侵略的話，那麼其他國家便要滅亡或是引發戰爭了。如此一來，國家的機能便告停止。癌細胞的侵蝕，就和這個例子是相同的，亂吃或吸收人體內的其他國家的，就是癌細胞。

在做結論前，我們先看看人體內的細胞。人體是由六十兆個細胞所形成的，每一個細胞各有隸屬於他自己的工廠，製造維持自己的細胞所需的物質，並製造出有益其他細胞的物質。這些生產物的材料就是我們由口吃進去的食物。這些食物當然可轉變為生產物的製品。因此，細胞由正常的細胞突然轉變為癌細胞，這當然與我們所吃的食物有很重大的關係。

癌細胞和其他細胞不同，癌細胞比較肥大，並會大量地繁殖，會吃掉其他細胞。這就如同企業吸收、合併其他企業，逐漸擴張膨脹起來，而有獨占化的強烈傾向是相同的。

癌細胞即使會不斷地肥大，但，還是要繼續的生存，因此，就必須吃掉其他的細胞才可維持成長，所以，當其他細胞都被吃光時，癌細胞壽命也就該結束了。也就是說，癌細胞在縮短本身的壽命，逐漸邁向死亡。所以癌細胞是相同矛盾的細胞。

肉體內的癌細胞，不斷持續著這種自相矛盾的行動，不停地吃掉其他的細胞，這種癌細胞就如同惡魔一樣。癌細胞可說是以自我爲中心的象徵。

這種細胞在人體內突然開始生長並且增加繁殖。只要一想到這種情況，便覺得很恐怖。

在我們的生活行爲中，是否有類似癌細胞的行動呢？如果有的話，又是如何的行動呢？癌是在人體內築巢，在我們的生活行爲上也有很多類似的行動。但是，我們卻都沒有去留意，就是在這樣的情況下，使癌細胞生長、蔓延的。而假相的思考和形成，也是我們自己造成的。

經濟行爲是以自由競爭爲原則，開始運作的。這個原則的基本就是要大量生產、大量消費。難道這樣子就能使我們的生活變爲富裕、充足了嗎？這樣就能維持我們的生活了嗎？

大量生產、大量消費之主張就是在浪費物質。如果我們徹底實施節約，廢物再生利用的話，經濟就會陷入大混亂。但是，如果持續地浪費下去，地球資源就會枯竭。才開始瘋狂地從事廢物再生利用，然而，資源枯竭如果超過某個限度，造成物質急速短缺、於是人們才來責難大量消費的主張。而此時所發生的混亂狀況是我們所無法想像的。

大量消費的罪證，在某地方留下了清楚的證據。戰爭不斷的以色列的北鄰之黎巴嫩，從前稱爲腓尼基，是一個巨大杉木茂盛繁殖的森林地帶。

當時腓尼基人，富有冒險的精神，以木材來造船，是地中海的霸王，然而，埃及也急需要木材，於是便不斷地採伐，並輸出。但是，在採伐後，由於荒於植林，於是，山林失去了往日的青翠，成爲一座禿山。

如此一來，雨也不下了，惡性循環的結果，大地越來越乾燥，因此就化爲了今日的沙漠地帶。變成了和三千年前，完全不同的土地。

這種沙漠化的現象，目前已成爲世界性的問題了。綠色地帶逐漸地縮小。在越南的某地，地盤露出，不再翠綠。由飛機上一看便非常的清楚，這是稱爲戰爭的一種癌的行爲所造成的結果。

以石油危機爲首，有世界性傾向的危險，如：糧食的不足，大量生產所造成的資源枯竭。這些問題已逐漸地演變爲我們切身的問題，如不再仔細思考的話，將會成爲大問題，但是在這個以滿足經濟慾望爲前提的時代，對於這個矛盾的問題還是沒有可行的對策。

另一方面，以俄羅斯為首的管理經濟，其思想背景是唯物論和國際的，因為國家權力直接介入管理經濟，所以和自由經濟是不同的，這種管理經濟會令其他產業受到威脅。換言之，管理經濟是利用集團的勢力來滿足集團慾望的。而自由經濟之主張則在於充足個人的慾望，這就稱為集團自我。因此，管理經濟、自由經濟都是以充足慾望為主的經濟，都是和大量消費有關連。慾望會發展為貪婪，假如貪婪和癌細胞的性質完全相同，那麼，我們的行為簡直就是自殺的行為。

還有，由於糧食不足、資源缺乏，會導致相互爭奪，易招致核子戰爭，如此一來，勢必會引導人類走向毀滅地球一途。如果我們失去了地球，又將面臨如何的變化？我們的魂唯有依附在黑暗宇宙中的塵塊上，永遠在死亡的世界中徘徊、流浪。而這樣的苦惱，比疾病所帶來的苦痛更令人難以忍受。如果我們失去了地球，唯有面臨如此的安排、別無他法。

如此看來，癌細胞的污染，並非只是人體的問題，即使是人體外的世界也會發生，因此我們應該約束自己的外在生活、行為，這才是實際的做法。

科學主義是通天塔

像癌細胞的行爲及思想，不只是經濟，也已滲入了我們的社會生活中。校園暴力事件、虐待、體罰都已形成了問題。造成孩子們心靈的荒蕪。這都是因爲大人的世界裡有個人爲中心及重視物質的觀念存在，教育的重點應是培養個性，而忽視了道德教育。

到底，這樣的行爲及思想，是由怎樣的思想所導致的？怎樣的心會造成這些行爲及思想的呢？

首先要提的是唯物思想。這種思想，簡單地說就是希望大的而非小的，希望高價的而非低價的，是物和量做爲價值衡量的標準。精神方面被物的大小、優劣所左右，而且無法擺脫將外在的滿足視爲內在的滿足。

物的本質是存在於精神和心靈之中的。唯物思想與此正好相反。關於我們眼睛所無法看見的「事物的道理」，讓我們生命成長的「不變的神理」，卻置之不理、充耳不聞。

人的心和身體都是物質，物質本身也是物的這種思想支配著我們的心，於是，人在不知不覺中心靈就會產生不安，許多事物都是在瞬間發生的，會讓我們的行動失去準則。因爲一直成爲我們依靠的是物，因爲這個物會不斷地變化，因此我們的心也不得不變化。

在社會上，表面似乎很平靜，對於信仰也愈來愈關心，但是只要唯物的思想存在於人的心中，這種信仰就祇是人世間裝出來的樣子及自我滿足。因此，當物的基礎一發生動搖時，就會變爲半狂亂狀態。

冷眼看待社會事業自願服務活動，卻沒有一點藐視意圖。很感謝這些人們的活動，並很重視他們的奉獻。他們幫助那些不幸的人們，自願服務，毫無怨言、牢騷，只是在這活動的內面，難道沒有一點自大的成分存在嗎？某位活動家，對於一個不幸的人的小小要求，回答說：「假如是那樣，我就不知道了。」於是便不加以理睬。

由此可知，連這般的善意也是有界限的，超過限度，便會再往回走了。這是因爲我們的心中仍存有唯物的思想，無法擺脫這種思想。

人擁有肉體，並且難以擺脫這身肉體的束縛。而我們如果要信仰神，就必須由擺脫這束縛開始，然後再逐步前進，然而這開始是最困難的。因此，我們要依狀況而定，因爲他人的善意有時會變成對我們有害。而人心的癌就潛藏在這樣的場所中，等於對它有利的時機。

其次是快樂主義，快樂的動機是來自於旁人的。但是，基本上還是因爲唯物的思想，所以這種快樂只是刹那的，也是人的本能。

年輕人多有追求快樂的傾向，在成人的世界中，這種傾向也不下於年輕人。在聖經中出現的罪惡之城，因爲快樂主義是種惡德，便將這種惡德裝在箱子裡，連同這個罪惡之城一起使其沈入水中。因爲快樂會使國家滅亡。

持續的和平，人們便會開始熱衷於運動，但是熱衷競技，也算是快樂主義之一。快樂的本質是遊樂，其目的則爲浪費及消耗。這和流汗的勞動及生產所持的立場正好相反。

埃及王國滅亡的原因是奴隸階級以上的王侯、貴族、軍人及兵士，終日無所事事，僅熱衷於遊樂。摩西時代的兵士是傭兵，並供給伙食，抵禦侵略者的戰鬥者，並非是埃及人，而是以高薪聘顧的黑人。這些兵士保護著埃及，維持這個大國。不久埃及便在羅馬軍隊的支配下滅亡了。

支配整個歐洲、非洲、中亞的羅馬帝國也因沈迷於相同的遊樂而滅亡。

一年之中有三分之二的時間在競技及音樂之中渡過，如此，國家會滅亡也是理所當然的。快樂之後會產生苦惱，這是「必然的道理」，如果我們被唯物的思想所支配時，就會忘記這個道理，會被眼前的利害、快樂所迷惑。

第三項是支配著現代人的科學主義。科學的目的是為了要逐漸揭開自然界神秘的面紗。如果我們將以往的神視為自然現象的話，人自然就成了一切事物的重心了。

但是，這個人世間是不可思議的東西，科學真的能解決所有的事物嗎？這並不一定。人們征服自然所產生的問題，也愈來愈多。離科學的原有目的已愈來愈遠。

攔水築壩，可拓寬水的利用範圍，電的使用，可使國家沒有黑夜，於是在埃及建立了一座世界上最大的亞斯文水壩，但是經過了五年、十年，農田有鹽害的現象產生，為了防止鹽害，便需要施肥，並且還要多一道先除鹽手續，而水庫建設，對國民而言是利？還是弊？這就不得而知了。

和這類似的有冷暖氣及飛機的利用，這些設備使用時會產生二氧化碳飄浮、堆積於空氣中，會使氣象異常，並且產生溫室效應，使地上的氣溫升高，降雨量銳減，有些地方還逐漸地產生沙漠化的現象。

科學使我們的生活變得便利輕鬆多了，但在另一方面，卻也帶給了人們許多的害處。科學可以幫助我們解決許多問題，被灌輸了此種先入觀的現代人，似乎只相信科學，對於神的訓示並不太理會。

不僅如此，人類至上的思想也愈來愈強烈了，傲慢支配了人心。換言之，人變得自以爲無所不能。此種自以爲是的心理，和在我們心中築通天塔是相同的。聖經中的通天塔就是人變成了神，說人是無所不能的傲慢作爲。

對於築通天塔的人們，神非常的憤怒，於是攪亂了人類的語言，使人們彼此間的語言無法溝通。換言之，人一聚集在一起，就只想追求功名，於是便會產生野心、做壞事，所以神便將人們分散。

因科學使人變成人類至上的罪，又會使人面臨怎樣的遭遇呢？聖經說，對於人所做的惡事，將以洪水來報復，但是，下一次也許不是水攻而是以火攻也說不定。所謂火攻就是由天降下火球，燃燒地球，毀滅地球。

種種的預言，未必是胡說八道，傲慢的結果將只有墜入地獄而死。預言是警告。人如果不能一心向神的話，不管怎樣的善意，或做什麼善事，也會面臨相同的遭遇。

由神來看，不一心向神，而肯助他人做些善事，實際上，這只是一點兒小事而已。如果我們向人誇耀這點兒好事，自負就會蒙蔽了我們的心，占據我們的心。有了這種思想，善事也會轉變爲壞事，而且是毫不費功夫。這是人的自我滿足所造成的。

如果不把心向著神，總是只有自我，便無法看清自我。有自我的思想存在，這種思想和行動，就無法離開我們的身上，全憑環境、狀況的變化，也許善意隨時都會變爲惡意。

這樣的善意、好事，由神來看未必可靠。因此，由神看這些善意、好事都只是小事罷了。把目光向著神、相信神、使神能夠再回復以往在人心的地位的善事，神就會稱讚這樣的善事，並保護這個人，神只愛把心向著神的人。還有，大聲呼喚神的僞善者，雖然否定了神，但是神還是會愛他們。

神也是有嫉妒心，也會發怒的。因爲神也是由其他神賦予其生命的，因此神有時也會有任性的行爲，那麼神爲什麼能愛污損神宮（地上）的人呢？就是因爲這個原故。

神，對於不論做什麼，都要和他所信賴的人一起，且行事任意、專斷、傲慢的人，神會給他們懲罰，因此神或許會考慮讓地球消失也說不定。

話又回到前面來，科學主義的弊害遠大於其所能爲人類帶來的便利，科學主義可說是將人類推入痛苦深淵的癌細胞。

神理能給我們幸福

我們的生活行爲就變成了癌細胞，以自我爲中心，科學主義等是存在於唯物思想中。筆者並非否定科學的人。還有物是存在於靈的延長線上的東西，否定了物就是否定了靈。

只要人們一淪入，偏向物而忽視靈的世界中，就是自滅的行爲。自我爲中心的思想是來自於以物爲中心的思想。物是相對的，肉體被分爲我和他。但是，靈的次元是一元化的不是相對，而是絕對的。宇宙是一整個的，並沒有我和他。這兩個都是身體的一部分，各有其功能，並非對方的關係。這一點如前所述，觀察自己的身體，便可輕易地瞭解了。

因此，以物爲中心的科學主義，不能給我們平安。總是在驅逐某些事物，反會爲我們帶來迷惑與痛苦。

心癌是以自我爲中心，因爲只顧及自己的狀況、感情，所以只要有不合於自己心意的，便會發怒、中傷、怨恨、發牢騷、嫉妒、憎惡。

因爲認爲只有自己是正確的，所以無法容忍他人，所以心情便無法開朗，總是悶悶不樂。像這樣的心理，如果被獨裁者、權力者、精神界等發現，往往會使你的情況惡化，成爲亡靈的部下。

所謂亡靈，就如字面所寫的靈滅亡了，因此沒有實體，所以稱爲假相，在夢中獨自演戲。魔是假相的產物，陷入假相，最後是無處可去。因此會使自己淪入輪迴的魔境中，要永遠地受苦。

像這樣地，癌細胞已經進入我們的生活、心靈的世界，人世間的自殺行爲會讓我們在三世（過去、現在、未來）持續苦的輪迴，因此可說是非常恐怖的世界。

那麼，要預防癌，是否有什麼方法呢？由假相的輪迴轉爲實相的安心，我們又該如何掌握才好呢？

首先，我們來看看肉體的癌症，其形成原因有三。

其原因就在於心態、體質、食物。

體質是先天性的，有易罹患癌症的體質，也有不易罹患的體質。體質的好壞易因心態、食物而轉變，但是，健康的基礎乃在於血液，所以在此來談談血液和食物的關係。

血液不是酸性，也不是鹼性的，而是中性的。但是，一般說來較傾向於酸性，當血液變爲酸性時，身體的抵抗力會減弱，也易併發各種疾病。

酸性化的原因與食物有關。因爲我們較常攝食酸性食品，所以便會攝取過多。現在，腎臟病的患者愈來愈多，就是因爲吃了過多的肉類食品。細胞會將由口吃進入的食物加工，之後，做爲細胞本身的活力，但是，同時也會將其他細胞所需要的糧食，透過血液來輸送。加工過的商品如果是酸性化食物，則血液也會呈酸性化，血液就無法維持中性了。

這種狀況如果反覆地持續下去，就會產生癌細胞，癌細胞會吸收其他的細胞，會變得更肥大。正常細胞某日會突然產生病變，癌細胞也會因擴大自己的勢力，而產生自殺的行爲。

癌細胞是因爲我們吃了食品中所含的致癌物質而產生的。但是，實際上並非僅是如此而已，攝食多量的酸性食品也是導致文明病的因素之一。

這個證據可由光復前後的臨床病例比較出來，光復前以結核病患者爲多，幾乎不見癌症病例。光復後隨著飲食生活的變化，癌症患者急速增加。還有腎臟病、高血壓、糖尿病的患者也增加了，我們可以說，隨著飲食生活的變化，人們的疾病種類也有變化。

在古代的印度、埃及便已發現了癌症，並非是現在才開始的，但是隨著文明的發達，食物變得多樣化了，由於酸性食品的上市，也使得癌症的病例增多了。

由上述的事實，我們應該多注意飲食，要防止血液受到污染，細胞發生病變的情況，這是很要緊的事。特別是血液是維持人體的能源，肉體生命是由心臟及血液組成維持的。因此，在飲食生活上必須要謹慎，要記住「病從口入」這句真理。

其次是與我們有關的經濟活動。現在的經濟活動是以個人的慾望爲中心，即使我們一語道出此種網狀般經濟制度的缺點，並無法立即去改變。若要改變，如果不是每個人都能覺醒，我們也無從著手。慾望所產生的經濟活動，只會反覆地滋生不安、爭鬥與痛苦、因此要一個不漏地，每個人都參與，而現行的經濟制度也是非改不可的。

如果要列舉理想的經濟活動做爲參考的話，首先，要避免生存競爭所引起的殺生。如：A企業成長了，而B企業卻要關閉，這就算是間接性的殺生。因爲這算是搶奪生活的食糧。假如B企業是整體性的虧損，而需要關閉的話，我們應該再給B企業一個工作場所，使其能繼續營生。

但是，今日的社會是以自由競爭爲原則，任何人都是以成功爲目標，失敗總是爲人所遺忘，因此，經濟成了生存的競爭工具，所以我們總是不斷地採取殺生（擊敗他人）的生存方式。

理想的經濟，要像正常細胞一樣地守住自己的本分，並服務他人的生存方式。使每個人都能安心地生存的經濟。今日的經濟，是猶如癌細胞似的，以自我爲中心的想法爲主的經濟。

當我們追求利益時，反而追求不到，而當我們想放棄時，利益又悄悄地靠近我們。這在心理上及現實面都是相同的。對於這一點，再稍微深入探討的話，就是利他、利己的。我們所付出的也會回報在我們自己身上。

每個人就和人體中的細胞一樣的。一個細胞所生產的商品，透過血液，輸送給其他的細胞。如果把好的商品留給自己，把粗惡的商品送給其他的細胞；因爲血液是循環流動的，所以，不久其他細胞生產的粗惡品也會輸送回來。因此自己也只能生產粗惡品了。

但是，如果能多留意也爲其他細胞生產優良的商品，徹底的奉獻，那麼其他細胞有了優良的原材料，就能製造出優良商品，再輸送回來。於是細胞活動會充滿活力，也就能安心地工作了。

事物的原理可在我們的身體上得到驗證，如果我們將此原理運用至地球、人類、民族、個人，仔細思考，對於這個原理就會有更深的理解，以自我爲中心的行爲就是自殺的行爲。由此看來，經濟正常化，就是要守自己的本分，並且要服務他人。

如此一來，全體的生活便能安定，就不會有自以爲是的癌行爲產生。讓我們來思考一下，即使是一個人也能爲很多人服務，這又是怎麼一回事呢？這就是希望能夠由假相的經濟，轉爲實相的經濟。

最後是心的問題。要防止心癌就要知道神理及道理，如此，才不會在心中製造假相的世界。

關於這個問題，就是我們要相信法的作用。法的作用能使善回歸於善，惡的回歸於惡。能夠避開因果循環，如此一來，我們便可造出好的因，而不會造惡因了。

還有，血液是中性的，中性才可保持我們身體的健康，所以我們要以中道（中性）的生活方式爲目標。中道就是不偏左、不偏右的神道，神道之中只有愛及和諧。

神理是存在於中道之中的，並且引導著我們。所謂神道就是要讓一切的生物生存（愛）、要守份，並且要增進、維持彼此（和諧）的生活。無論如何都要愛神，要遵照神意，如此在生活中才能充滿愛與和諧。

耶穌在最後的晚餐後，指著一塊麵包說：這就是我的肉，指著葡萄酒說這就是我的血。因爲血和肉都是神所製造的，所以是合乎神理的。神能夠給我們健康和幸福。耶穌想要給弟子們的啓示，就是此時所說的話。

神理可引導人們往天國去，並且能夠給予我們幸福。這就是永生的實相的生活。如果我們偏向肉體的需求，忘記中道，那麼，我們在不知不覺中，就會偏向假相，我們的心就會產生自我本位的癌細胞。

適合現代人的交通工具

人有一定的壽命，所指的就是人能夠活到幾歲。人生五十年，就是人生到五十歲為止。然而，今日的壽命大約為七十、八十。超過百歲的人也不少。徒增歲數也並非是幸福。但是，大體上是以百歲為標準。即使到了九十、一百歲也還能工作，這也算是人的定命。接下來，所要說的是天命，隨時都會死的人生，才是人本來的情形。

這就是說，人在五十歲之前似乎就會死了，即使活著超過了七十，大體而言，人的肉體就已老化了，就無法再工作了。

加速老化就是肉體的浪費，就會縮短壽命，這些都是真相。現代人的體質，在遺傳上一超過五十歲，便會加速地老化，變成了老人。

原因何在呢？是假相的人生。因為我們只看到事物的外表，因為我們偏向於一喜一憂及癌的思想行為，所以會縮短壽命，加速死期的到來。

維持我們的身體，給予我們活力的血液，要努力常保其為中性的。身體中的我們，如忽視身體的自然規則，產生偏頗，一味追求美食，身體就會產生異常的變化。

體中的自己應該要效法身體這個自然體。特別血液是神的能源，要常常保中性，如此才能維持健康。我們要學習的就是這一點。

肉體的形成及維持是血液的職務，這遠超過我們的想像。以雞蛋爲例，說明如下：

蛋大致區分爲蛋白及蛋黃，並且由這兩部分形成的。把蛋加熱，不久在中央就會產生一個點，點逐漸地擴大，會略帶紅色，且開始會動。於是由點，轉爲生根似地，有細線向四方延伸，並不斷地擴散到全體。接著便出現了頭、身體、腳等形狀，長出羽毛、形成雛鳥的樣子。蛋中最初出現的點是心臟，細線就是血管。

就如我們所看到的，肉體的形成可說是由心臟開始，接著血液便會流向四方。

換個例子，相信來世的埃及人，希望死後能再生，於是便製造了木乃伊。木乃伊的製作方法是：將屍體浸泡於鹽水中，經過四十天後取出，擦乾鹽水，以麻布將屍體包紮二、三層後再埋葬。以麻包紮屍體時，要先取出所有的內臟。否則屍體會腐爛。

然而，埃及人卻只留下心臟。心臟是神的住所，如果取出心臟，也就無法有來世，就難以獲得再生了。由蛋到雞這個例子，可幫我們理解：爲何古代的埃及人會認爲來世的再生是由心臟開始的。

如此看來，心臟是神的住所，血液也是由此產生的，而血液是形成肉體生命的動力，且這個動力約束著永遠的生命。

如此一來，便可理解，我們的心及身體唯有依循著中性——中道，才能獲得永生。唯有在中道之中，才可期待有真實的健康及喜悅。

將這層理解再稍加往前推進，走中道者就能通往神宮（心臟），也就能回到神的家。雖然人在人世間，但也能與神的家相連繫、接受神的祝福。而這個祝福就是健康、幸福和平安。

如此看來，中道就是讓我們身體活著的作用。所謂活就是愛、愛才是中道的理念。還有，因爲中道能維持事物的平衡，可以說是和諧的基礎。

中道是一條貫穿人世及死後世界的河流，給與我們不變的道理指南。偏頗的思想行爲會招致對立，是缺乏平衡的。

假相意味著沒有未來的黑暗，是只會令我們不安及迷惑的魔的世界。四諦中的苦和集就存在於此。看起來似乎有實體，這是因爲假相的思想及行動會逐漸地產生問題。而當我們去關注這些問題時，才會恍然大悟，以前的我們怎麼會是惡魔的傀儡呢？將沒有的東西視爲有的這種行爲最無意義。

實相只存在於中道。這條河流由上而下、由下而上形成一道光芒，這就是天橋。

釋迦舉出了，要讓自己上這座天橋的方法，就是八正道。成道的標準就是八正道。

簡化後的八正道就是身、口、意；此三項又可以思想（意）、言語（口）、行爲（身）來替換。當我們端正了自己的思想、言語及行爲後，自然會有正道。

還有，爲了使這條路在中途不會變得不清楚，所以我們要感謝神，並且要有合乎神意的「祈禱」。神創造了一切，貫穿天地的神理就存在於中道中，而祈禱就是靠近中道的天橋。

本來在祈禱中包含了前述三項戒律，但是，人是因爲知、對事物才會變得不清楚，所以分解正邪最低的標準，就是要端正我們的思想、言語、行爲。車子只有一個輪胎，則欠缺安定。二輪則似乎能夠安定，如果祈禱，這三戒就變成了這兩輪的動力，就可成爲正道的交通工具。

乘上這種交通工具，啓動後，假相的人生就會變換爲實相的人生，人便能擁有平安。已經有很多人體驗過搭乘這種交通工具的心境，並開始過著安心的人生。正道並非是旁人的問題，而是自己本身的問題。如果你自己認爲很有趣，就試著去乘坐這個交通工具吧！

其次，所要敘述的就是有關祈禱與唸佛的差異。

唸「南無阿彌陀佛」來消滅罪障，在我國是很盛行的。人無論如何都會犯錯，善業會令人變得自以爲是，浮在心中的煩惱之火也不易消散。凡夫總認爲要得救就得依靠阿彌陀，除了唸佛號、唸佛之外別無他法。像這樣的唸佛是簡單、易行的，於是廣被接受。

唸佛與祈禱，乍見之下是很相似的，但是，正道的祈禱和唸佛在本質上則是不同的。

由正道來看，一個人是有兩個自己的。可解釋爲「正在看的自己」及「正在被看的自己」。

要祈禱時的自己，通常是「正在被看的自己」，這個自己是業生的自己。所謂業生就是因果報應的自己、煩惱的自己。因此，祈禱可以讓我們求得力量與平安。「天上的父啊，請你賜給我的心力量。」

然而，正在祈禱時的自己是另一個人，這個「正在看的自己」向著因果報應的自己祈禱，要求同化。

「正在看的自己」的祈禱稱爲「要有光明」、「要有安樂」是給予者。

本來，人是存在於實相之中，而非假相，因果報應的自己似乎不是自己。但是當人陷入生老病死的迷惑中時，這個因果報應的自己就會存在，因此祈禱，就會成爲得救的話。

說「請給我力量」時，「正在看的自己」也會異口同聲的祈禱著。關於此點，對於那些仔細去體驗過的人，他們的祈禱會使他們比別人獲得更多的力量，讓他們不斷地向人們傳播。「正在看的自己」是被救的自己，是和神同在的。是與阿彌陀同在，是住在淨土的自己。

正道的人間觀就是，先看看假相和實相中的這兩個自己，只有實相的自己才是真的，祈禱的目的就在於能發現這個真實的自己爲目標。

釋迦的人間觀也將人分爲痛苦、迷惑的人及成道之人。這兩種人同存於四諦的「苦、集、滅、道」之中，但是知道佛的自己才是實相的自己。

阿彌陀曾許過要拯救每一個人的宏願，是因爲他看到了「另一個自己」才會立下這個願望。如果你自己不能清醒，就不會許什麼願了。

然而，因爲人有很多的罪障，所以儘管唸佛也是難以使人得救的，所以人應該去認清假相的自己。否則只好在黑暗和哀戚之中渡日子了。

正道人間觀的自己是清醒的、是光明的。此點我們應該多留意。而悲傷、迷惑的自己是因果報應的自己。當我們在迷惑時是無法看見光明的。

耶穌說神是因爲看到人在受苦所以才出現。人的痛苦和迷惑是令神出現的主因。因爲這些並非是實際存在的東西。人如果受因果關係所束縛，一旦陷入苦的原因時，人就會無法自拔。因爲人會如此就默認了。但是，當人肯悔悟、願意祈禱時，就可獲得超脫，就能看到另一個清醒的自己。

正道的祈禱是爲了要使實相的自己出現，和唸佛的想法不同，因此希望各位能夠明瞭。

要由假相轉變為實相，為了要讓另一個自己出現，最適合我們現代人的方法就是正道。

不可思議的交通工具

關於正道的交通工具，再稍加說明。

交通工具非常的巨大，是比圓形大樓還大的物體。當靜止在我們的眼前時，感覺上與其說是交通工具，倒不如說是建築物。

像是座落在草原的山丘上的金字塔般的交通工具，如夢幻般地聳立著。

在我要搭乘之前，有很多人由這個物體的左右兩側走下來，大概有好幾十人，或許更多也說不定。在這之後我才搭乘上去，但是，最初我被這種意外的情況迷住了，便注視了好久。

到底，這樣的交通工具，還有搭乘這個交通工具下來的人們，到底是有何目的呢?當時的我雖這樣地想，但是一點線索也沒有，所以並不清楚，後來，我才能理解當時的情況。

這個交通工具似乎是在天體間飛行的交通工具。是超越時空四次元的物體。是肉眼所無法看見的，偶爾看到的話，也只是一閃即逝的光而已。

由這個物體下來的人們，似乎是由其他的天體而來的。他們的目的是精神啓蒙。在這些人之中，有些是透過二次元的有緣人的肉體，來完成他們所預期的目的。

自古以來有這樣的傳說，就是搭乘飛馳天空的火炎，或是火炎車升天的人影。這些所描寫的大概是他們已完成了自己在人間所預期的目的，要返回時的身影。在聖經上也有類似的敘述。這並非是幻想，我認爲確有此事。然而，因爲我們對於神及魂，並不怎麼關心，所以當我們的心只向著人世間時，即使有這些狀況出現也看不完，所以對這些事情，我們總是無法清楚。

當我所搭乘的交通工具飛上天空時，這個發光的塔，最初是慢慢地上升，但是不久，便以令人難以置信的速度飛行。地球上的科學當超越光速（每秒三十萬公里）以上的速度便無法偵測了。但是，這個物體卻以更快的速度在飛行。

不管怎麼說，這種物體大概可到任何地方去吧！離地球最近的是月球。

另外還有星星、太陽。但是，再到更遠的宇宙的話，似乎還有某個天體。這裡是遠超乎人們想像的世界，是一個永遠的都市。在天空飛馳的這些交通工具是來自各個天體，但是，搭乘這種交通工具，來自那個天體，也必須再回到那個天體去。

然而彼岸的終點站，一定就在這個天體。在此可以捕捉到全宇宙的動靜，如果有人是真的愛神，這裡也有可以在轉瞬間，便把平安的光送給這些人的設備。相反的情況，這個光就會被封閉，會變得黑暗，並會受到破壞。由宇宙來看地球猶如是小小的塵土一樣，因爲地球還是一顆未成熟的星球，所以，還是要不斷地經歷生死的輪迴。地球的生存、生死，和住在地球上的人們的行動有關。

在前一節我已敘述過了，正道的交通工具是存在於正當的祈禱與中道的生活中。在這之中就已準備了剛剛所談過的交通工具，這是順乎人心的旅程的出發。要到達彼岸的終點站是非常困難的。但是任何人都一樣有資格可到達這個終點站，我們必須培養理性，要愛神，如此便可到任何的地方去。而是否能喚醒靈的自己，與是否能放棄自我有很大的關係。

與人世間、死後世界及天體無關，實際存在的事物，就是實相的生活。實相就是給與萬物平等及光芒的神的愛，在古印度稱神為 **Bluffma**，也稱神為梵天。聖經解釋為無所不在的神，換言之，即最高明的神，是神中之神。這個神在四方都有眼睛、鼻子、口、手、腳，是全能的力的結合。人的眼只能看著前方，各有兩隻手腳，左右各一，在後方產生不了什麼作用。但是主神則是前後、左右、上下，任何空間都能運用自如。

因為神的愛，所以我們能夠得到幫助，能夠生存著。如果我們忘記了這個讓我們生存的神，當我們感到不自由的自我所束縛時，就會製造出不自由的自己，就會不斷地痛苦與迷惑。假相的生活便由此開始。是自在之子的人心，如果和不自由之身體相結合，我們就會變得不自由了。

本來心靈和肉體是合而為一，但是，經過了長久的歲月，雙方都變得不自由了，猶如被束縛住一樣，這就是人的形態。因此，靈和肉就分散開來，色和心也被分離了，於是事物就會變得不清楚，這就是真相。

靈和肉是合而為一的，色心是不二的。神我是一體，人我也是一體。

實相就像如此是由一所形成的，當我們皈依於最高明的神，才能變為色心不二，才能以靈和肉合一爲目標。

有句話說煩惱即菩提。這是在佛教大乘化、他力化之後才出現的。但是這句話會讓我們產生誤解，使我們迷惑。

所謂的煩惱就是迷惑。所謂菩提的開悟就意謂著反對語。但是，二者如果是相同的話，就什麼事也沒了。

話又說偏了，人體的關節有一百零八處。煩惱也有一百零八種。很奇怪的，這二者是相同的數目；支配人體的人心，似乎原本就是在迷惑中形成的。人的肉體的重量會影響到人的魂及心，人爲了維持這個肉體，所以會產生不安與糾紛。

但是，即使有這樣的因素，人還是有機會可獲得安心。如果無法誕生爲人，就得誕生爲其他的動物，那麼，菩提的機會就會更稀少了。生物是根據其意向生存的。人正因爲是人，所以才被賦予思考能力，人要一心向善才會注意到神的愛。

耶穌說：

「悲傷者，才會被安慰。」

我感覺這句話有種種的矛盾與不平等，離開悲傷，一心向神的人，就能得到安心與恩惠。貪戀權力、地位、享樂者，已經正在享受他的樂趣。享樂是無法得到恩惠的。凝視著痛苦與迷惑，唯有努力於要由此超脫的人，才能得到神的恩惠與安慰。

煩惱與菩提都存在於這樣的關係之中。唯有要停止煩惱的苦惱的人，才與菩提有關。煩惱並非菩提。某位學者，解釋說事物之終極是空是一次元的，所以煩惱和菩提是相同的。但是，並非是這麼一回事。要離開相對觀的煩惱，稱爲實相的一元世界才會存在，我們並不認同這一點。

正道的交通工具指的就是，佛教的菩提、聖經的救助。正當的祈禱及中道的生活，可以讓我們在不知不覺間擺脫掉這一百零八種煩惱，發現搭乘在交通工具上的自己。

我們要獻身給神，要愛神、服待神、要行善、在人世間要盡義務及責任，而且對於這一切都不執著的人們。便可生活於實相之中，因此心靈就能平安，不久便能超脫生死、就能搭乘正道的交通工具了。

而且，這些人們並非是自我滿足之人，所以他們的喜悅會分享他人，號召來其他的人們。交通工具本身是巨大的，可無限地收容很多的人，所以希望有更多的人來搭乘這巨大的交通工具。

還有，神理是充滿能源的，不允許有人獨占這個巨大的交通工具。因此，對於這些擁有確切信仰的人，他們要有實踐的行動，就是專於傳道及努力地從事服務的活動。

由此可知，正道並非小乘，可說是開往彼岸，既寬廣又大的交通工具。

回到原點

關於實相，已稍微地介紹過了。在聖經的開頭，有關天地創造這一節的敘述，如下：

「起初神創造了天和地，地是無形、是空的，存在於地表的是黑暗及深淵，神的靈，覆蓋住水面。

在水的中間有天空，把水和水分開了，神這樣地說：於是分爲天空之下的水及天空之上的水，並將天空命名爲天。

「天以下的水集中於一個地方，乾的地便出現了，於是陸地便形成了，水聚集的地方便命名爲海。」

由此可明白，最初的宇宙是處於一片濃霧的狀態，由霧中產生了天、地，地又分爲海和陸。

換言之，我們所能理解的就是：宇宙的天及我們現在所居住的地球上，其最初的物質是水。

我們將生物體中的水抽出的話，生物便無法活了。水是物質生命的基礎，沒有水的生活，意謂著死亡。

水，如所敘述的是有形，也是無形的物質，水落到大地，並且與大氣同化，就會變得無影無形。很幸運的是神會給我們一定量的水，如：海、地下的泉水，還有雨水、雪水，這些水會滋潤著大地，可讓我們擺脫死亡。

不管怎樣，水是可以變化自在的物質。不論那裡水都可自由出入，可幫生物生存，並能讓不必要的物質腐敗。在許多的物質之中，是最擁有靈的物質，由水的生活方式我們可以學會很多的事情，知道很多的道理。

由於這些原故，所以在宗教儀式上，水成了不可或缺，很重要的東西。如：基督教的洗禮及佛教的灌頂都要使用水。這或許就是由以上的因素所造成的。

和水一樣，對生物而言也是不可或缺的物質就是火。神在創造天地時，給了天地間光亮，用以區分白天與黑夜。

火，可以讓水的性質產生變化、運動；熱的增減可使水產生變化，如：固體、液體、氣體。地球會繞著太陽自轉、公轉；這可以說因爲地球是由水形成的，所以才會有這些情形。

如此一來，我們可以說是火的力量使水產生變化，促使地球發生自轉及公轉的運動。我們的文化也是因爲使用火才開始的，也因此我們製造出了其他動物所沒有的各種用具。由脆弱的土製成硬而有光澤的陶器，由炭提煉出金，由岩石煉出鋼鐵，這都是拜火之賞賜。

把太陽視爲神的信仰，至今仍令人相信，或許就是因爲上述的原因。廟宇佛閣的燈，稱爲火神，供奉火神的儀式，至今仍很盛行，火和信仰已是不可分離的了。

只有水的洗禮嗎？並非如此，也有火的洗禮。耶穌的弟子們，當聖靈降臨時，紅色的火覆蓋在他們的頭上，完全改變了他們的思想。他們在此時，說著奇怪的語言，並且不怕死，而成爲了耶穌的皈依者。

就這樣地，火擁有了能夠改變事物的能力，靈的火擁有能改變人心的巨大能力。

但是，如在創世記中所載的，漂浮在宇宙中的東西，最初的是濃霧，但是，一成形之後，就會產生光，水加熱就會產生變化，由水所產生的各種物質也和水一樣具有循環運動的性質。

乍見之下，這種運動是一種循環及輪迴的形式，但是仔細一看，在本質上並沒有變化，看是變化，其實這是眼睛的錯覺。只要我們看看水的變化和水的特質，就可明瞭了。

事物的本質是沒有變化的，順著流水的特性才是永久的。只有人和最接近人的動物才有輪迴轉生，這又是爲什麼呢？這是因爲對物的執著所引起的輪迴、因變成果，而遺留下來的。

水和火是靈的神光所形成的，我們的身體也是由此產生、生存，那麼讓我們的魂回歸其本質，回歸到沒有生死的永生，這才是自然。

不斷重複的人類歷史，是充滿苦惱與悲哀的。讓這種歷史到此爲止。使不斷重複的歷史停止。先人的苦惱及悲哀，我們要引以爲戒，如此才可擺脫假相的束縛，這才算是對老人的答謝。如此地球才會有永遠可言。

事物未完而被完成了。聖經的開頭記述，告訴我們這些事情。而且，如果看看自然界和我們的肉體，就可一目了然。像這樣傑出的物體有自然界和我們的肉體二種！如果不是，以上的事物也就不存在了。

將目光朝向自己時，我們所應該做的並非是「要如何地生存？」而是「如何地生存過來的呢？」對於已被完成的自然該如何去調和呢？唯有在此，才可找到人生的目的。

讓我們的思緒馳騁於天地創造的原點，才可理解實相的真意。

大展出版社有限公司
品冠文化出版社

圖書目錄

地址：台北市北投區(石牌)
致遠一路二段12巷1號
郵撥：0166955～1

電話：(02)28236031
28236033
傳真：(02)28272069

・法律專欄連載・電腦編號 58

台大法學院 法律學系／策劃
法律服務社／編著

1.	別讓您的權利睡著了 [1]	200 元
2.	別讓您的權利睡著了 [2]	200 元

・秘傳占卜系列・電腦編號 14

1.	手相術	淺野八郎著	180 元
2.	人相術	淺野八郎著	180 元
3.	西洋占星術	淺野八郎著	180 元
4.	中國神奇占卜	淺野八郎著	150 元
5.	夢判斷	淺野八郎著	150 元
6.	前世、來世占卜	淺野八郎著	150 元
7.	法國式血型學	淺野八郎著	150 元
8.	靈感、符咒學	淺野八郎著	150 元
9.	紙牌占卜學	淺野八郎著	150 元
10.	ESP 超能力占卜	淺野八郎著	150 元
11.	猶太數的秘術	淺野八郎著	150 元
12.	新心理測驗	淺野八郎著	160 元
13.	塔羅牌預言秘法	淺野八郎著	200 元

・趣味心理講座・電腦編號 15

1.	性格測驗① 探索男與女	淺野八郎著	140 元
2.	性格測驗② 透視人心奧秘	淺野八郎著	140 元
3.	性格測驗③ 發現陌生的自己	淺野八郎著	140 元
4.	性格測驗④ 發現你的真面目	淺野八郎著	140 元
5.	性格測驗⑤ 讓你們吃驚	淺野八郎著	140 元
6.	性格測驗⑥ 洞穿心理盲點	淺野八郎著	140 元
7.	性格測驗⑦ 探索對方心理	淺野八郎著	140 元
8.	性格測驗⑧ 由吃認識自己	淺野八郎著	160 元
9.	性格測驗⑨ 戀愛知多少	淺野八郎著	160 元

10. 性格測驗⑩ 由裝扮瞭解人心	淺野八郎著	160 元
11. 性格測驗⑪ 敲開內心玄機	淺野八郎著	140 元
12. 性格測驗⑫ 透視你的未來	淺野八郎著	160 元
13. 血型與你的一生	淺野八郎著	160 元
14. 趣味推理遊戲	淺野八郎著	160 元
15. 行為語言解析	淺野八郎著	160 元

·婦 幼 天 地· 電腦編號 16

1. 八萬人減肥成果	黃靜香譯	180 元
2. 三分鐘減肥體操	楊鴻儒譯	150 元
3. 窈窕淑女美髮秘訣	柯素娥譯	130 元
4. 使妳更迷人	成　玉譯	130 元
5. 女性的更年期	官舒妍編譯	160 元
6. 胎內育兒法	李玉瓊編譯	150 元
7. 早產兒袋鼠式護理	唐岱蘭譯	200 元
8. 初次懷孕與生產	婦幼天地編譯組	180 元
9. 初次育兒 12 個月	婦幼天地編譯組	180 元
10. 斷乳食與幼兒食	婦幼天地編譯組	180 元
11. 培養幼兒能力與性向	婦幼天地編譯組	180 元
12. 培養幼兒創造力的玩具與遊戲	婦幼天地編譯組	180 元
13. 幼兒的症狀與疾病	婦幼天地編譯組	180 元
14. 腿部苗條健美法	婦幼天地編譯組	180 元
15. 女性腰痛別忽視	婦幼天地編譯組	150 元
16. 舒展身心體操術	李玉瓊編譯	130 元
17. 三分鐘臉部體操	趙薇妮著	160 元
18. 生動的笑容表情術	趙薇妮著	160 元
19. 心曠神怡減肥法	川津祐介著	130 元
20. 內衣使妳更美麗	陳玄茹譯	130 元
21. 瑜伽美姿美容	黃靜香編著	180 元
22. 高雅女性裝扮學	陳珮玲譯	180 元
23. 蠶糞肌膚美顏法	坂梨秀子著	160 元
24. 認識妳的身體	李玉瓊譯	160 元
25. 產後恢復苗條體態	居理安・芙萊喬著	200 元
26. 正確護髮美容法	山崎伊久江著	180 元
27. 安琪拉美姿養生學	安琪拉蘭斯博瑞著	180 元
28. 女體性醫學剖析	增田豐著	220 元
29. 懷孕與生產剖析	岡部綾子著	180 元
30. 斷奶後的健康育兒	東城百合子著	220 元
31. 引出孩子幹勁的責罵藝術	多湖輝著	170 元
32. 培養孩子獨立的藝術	多湖輝著	170 元
33. 子宮肌瘤與卵巢囊腫	陳秀琳編著	180 元
34. 下半身減肥法	納他夏・史達賓著	180 元
35. 女性自然美容法	吳雅菁編著	180 元

36. 再也不發胖	池園悅太郎著	170 元
37. 生男生女控制術	中垣勝裕著	220 元
38. 使妳的肌膚更亮麗	楊　皓編著	170 元
39. 臉部輪廓變美	芝崎義夫著	180 元
40. 斑點、皺紋自己治療	高須克彌著	180 元
41. 面皰自己治療	伊藤雄康著	180 元
42. 隨心所欲瘦身冥想法	原久子著	180 元
43. 胎兒革命	鈴木丈織著	180 元
44. NS 磁氣平衡法塑造窈窕奇蹟	古屋和江著	180 元
45. 享瘦從腳開始	山田陽子著	180 元
46. 小改變瘦 4 公斤	宮本裕子著	180 元
47. 軟管減肥瘦身	高橋輝男著	180 元
48. 海藻精神秘美容法	劉名揚編著	180 元
49. 肌膚保養與脫毛	鈴木真理著	180 元
50. 10 天減肥 3 公斤	彤雲編輯組	180 元
51. 穿出自己的品味	西村玲子著	280 元
52. 小孩髮型設計	李芳黛譯	250 元

・青 春 天 地・電腦編號 17

1. A 血型與星座	柯素娥編譯	160 元
2. B 血型與星座	柯素娥編譯	160 元
3. O 血型與星座	柯素娥編譯	160 元
4. AB 血型與星座	柯素娥編譯	120 元
5. 青春期性教室	呂貴嵐編譯	130 元
7. 難解數學破題	宋釗宜編譯	130 元
9. 小論文寫作秘訣	林顯茂編譯	120 元
11. 中學生野外遊戲	熊谷康編著	120 元
12. 恐怖極短篇	柯素娥編譯	130 元
13. 恐怖夜話	小毛驢編譯	130 元
14. 恐怖幽默短篇	小毛驢編譯	120 元
15. 黑色幽默短篇	小毛驢編譯	120 元
16. 靈異怪談	小毛驢編譯	130 元
17. 錯覺遊戲	小毛驢編著	130 元
18. 整人遊戲	小毛驢編著	150 元
19. 有趣的超常識	柯素娥編譯	130 元
20. 哦！原來如此	林慶旺編譯	130 元
21. 趣味競賽 100 種	劉名揚編譯	120 元
22. 數學謎題入門	宋釗宜編譯	150 元
23. 數學謎題解析	宋釗宜編譯	150 元
24. 透視男女心理	林慶旺編譯	120 元
25. 少女情懷的自白	李桂蘭編譯	120 元
26. 由兄弟姊妹看命運	李玉瓊編譯	130 元
27. 趣味的科學魔術	林慶旺編譯	150 元

28. 趣味的心理實驗室	李燕玲編譯	150元
29. 愛與性心理測驗	小毛驢編譯	130元
30. 刑案推理解謎	小毛驢編譯	180元
31. 偵探常識推理	小毛驢編譯	180元
32. 偵探常識解謎	小毛驢編譯	130元
33. 偵探推理遊戲	小毛驢編譯	180元
34. 趣味的超魔術	廖玉山編著	150元
35. 趣味的珍奇發明	柯素娥編著	150元
36. 登山用具與技巧	陳瑞菊編著	150元
37. 性的漫談	蘇燕謀編著	180元
38. 無的漫談	蘇燕謀編著	180元
39. 黑色漫談	蘇燕謀編著	180元
40. 白色漫談	蘇燕謀編著	180元

・健 康 天 地・電腦編號 18

1. 壓力的預防與治療	柯素娥編譯	130元
2. 超科學氣的魔力	柯素娥編譯	130元
3. 尿療法治病的神奇	中尾良一著	130元
4. 鐵證如山的尿療法奇蹟	廖玉山譯	120元
5. 一日斷食健康法	葉慈容編譯	150元
6. 胃部強健法	陳炳崑譯	120元
7. 癌症早期檢查法	廖松濤譯	160元
8. 老人痴呆症防止法	柯素娥編譯	130元
9. 松葉汁健康飲料	陳麗芬編譯	130元
10. 揉肚臍健康法	永井秋夫著	150元
11. 過勞死、猝死的預防	卓秀貞編譯	130元
12. 高血壓治療與飲食	藤山順豐著	180元
13. 老人看護指南	柯素娥編譯	150元
14. 美容外科淺談	楊啟宏著	150元
15. 美容外科新境界	楊啟宏著	150元
16. 鹽是天然的醫生	西英司郎著	140元
17. 年輕十歲不是夢	梁瑞麟譯	200元
18. 茶料理治百病	桑野和民著	180元
19. 綠茶治病寶典	桑野和民著	150元
20. 杜仲茶養顏減肥法	西田博著	150元
21. 蜂膠驚人療效	瀨長良三郎著	180元
22. 蜂膠治百病	瀨長良三郎著	180元
23. 醫藥與生活㈠	鄭炳全著	180元
24. 鈣長生寶典	落合敏著	180元
25. 大蒜長生寶典	木下繁太郎著	160元
26. 居家自我健康檢查	石川恭三著	160元
27. 永恆的健康人生	李秀鈴譯	200元
28. 大豆卵磷脂長生寶典	劉雪卿譯	150元

29. 芳香療法	梁艾琳譯	160元
30. 醋長生寶典	柯素娥譯	180元
31. 從星座透視健康	席拉・吉蒂斯著	180元
32. 愉悅自在保健學	野本二士夫著	160元
33. 裸睡健康法	丸山淳士等著	160元
34. 糖尿病預防與治療	藤田順豐著	180元
35. 維他命長生寶典	菅原明子著	180元
36. 維他命C新效果	鐘文訓編	150元
37. 手、腳病理按摩	堤芳朗著	160元
38. AIDS瞭解與預防	彼得塔歇爾著	180元
39. 甲殼質殼聚糖健康法	沈永嘉譯	160元
40. 神經痛預防與治療	木下真男著	160元
41. 室內身體鍛鍊法	陳炳崑編著	160元
42. 吃出健康藥膳	劉大器編著	180元
43. 自我指壓術	蘇燕謀編著	160元
44. 紅蘿蔔汁斷食療法	李玉瓊編著	150元
45. 洗心術健康秘法	竺翠萍編譯	170元
46. 枇杷葉健康療法	柯素娥編譯	180元
47. 抗衰血癒	楊啟宏著	180元
48. 與癌搏鬥記	逸見政孝著	180元
49. 冬蟲夏草長生寶典	高橋義博著	170元
50. 痔瘡・大腸疾病先端療法	宮島伸宜著	180元
51. 膠布治癒頑固慢性病	加瀨建造著	180元
52. 芝麻神奇健康法	小林貞作著	170元
53. 香煙能防止癡呆?	高田明和著	180元
54. 穀菜食治癌療法	佐藤成志著	180元
55. 貼藥健康法	松原英多著	180元
56. 克服癌症調和道呼吸法	帶津良一著	180元
57. B型肝炎預防與治療	野村喜重郎著	180元
58. 青春永駐養生導引術	早島正雄著	180元
59. 改變呼吸法創造健康	原久子著	180元
60. 荷爾蒙平衡養生秘訣	出村博著	180元
61. 水美肌健康法	井戶勝富著	170元
62. 認識食物掌握健康	廖梅珠編著	170元
63. 痛風劇痛消除法	鈴木吉彥著	180元
64. 酸莖菌驚人療效	上田明彥著	180元
65. 大豆卵磷脂治現代病	神津健一著	200元
66. 時辰療法—危險時刻凌晨4時	呂建強等著	180元
67. 自然治癒力提升法	帶津良一著	180元
68. 巧妙的氣保健法	藤平墨子著	180元
69. 治癒C型肝炎	熊田博光著	180元
70. 肝臟病預防與治療	劉名揚編著	180元
71. 腰痛平衡療法	荒井政信著	180元
72. 根治多汗症、狐臭	稻葉益巳著	220元

73. 40 歲以後的骨質疏鬆症	沈永嘉譯	180 元
74. 認識中藥	松下一成著	180 元
75. 認識氣的科學	佐佐木茂美著	180 元
76. 我戰勝了癌症	安田伸著	180 元
77. 斑點是身心的危險信號	中野進著	180 元
78. 艾波拉病毒大震撼	玉川重德著	180 元
79. 重新還我黑髮	桑名隆一郎著	180 元
80. 身體節律與健康	林博史著	180 元
81. 生薑治萬病	石原結實著	180 元
82. 靈芝治百病	陳瑞東著	180 元
83. 木炭驚人的威力	大槻彰著	200 元
84. 認識活性氧	井土貴司著	180 元
85. 深海鮫治百病	廖玉山編著	180 元
86. 神奇的蜂王乳	井上丹治著	180 元
87. 卡拉 OK 健腦法	東潔著	180 元
88. 卡拉 OK 健康法	福田伴男著	180 元
89. 醫藥與生活㈡	鄭炳全著	200 元
90. 洋蔥治百病	宮尾興平著	180 元
91. 年輕 10 歲快步健康法	石塚忠雄著	180 元
92. 石榴的驚人神效	岡本順子著	180 元
93. 飲料健康法	白鳥早奈英著	180 元
94. 健康棒體操	劉名揚編譯	180 元
95. 催眠健康法	蕭京凌編著	180 元
96. 鬱金（美王）治百病	水野修一著	180 元
97. 醫藥與生活㈢	鄭炳全著	200 元

・實用女性學講座・電腦編號 19

1. 解讀女性內心世界	島田一男著	150 元
2. 塑造成熟的女性	島田一男著	150 元
3. 女性整體裝扮學	黃靜香編著	180 元
4. 女性應對禮儀	黃靜香編著	180 元
5. 女性婚前必修	小野十傳著	200 元
6. 徹底瞭解女人	田口二州著	180 元
7. 拆穿女性謊言 88 招	島田一男著	200 元
8. 解讀女人心	島田一男著	200 元
9. 俘獲女性絕招	志賀貢著	200 元
10. 愛情的壓力解套	中村理英子著	200 元
11. 妳是人見人愛的女孩	廖松濤編著	200 元

・校園系列・電腦編號 20

1. 讀書集中術	多湖輝著	180 元

2. 應考的訣竅	多湖輝著	150 元
3. 輕鬆讀書贏得聯考	多湖輝著	150 元
4. 讀書記憶秘訣	多湖輝著	150 元
5. 視力恢復！超速讀術	江錦雲譯	180 元
6. 讀書 36 計	黃柏松編著	180 元
7. 驚人的速讀術	鐘文訓編著	170 元
8. 學生課業輔導良方	多湖輝著	180 元
9. 超速讀超記憶法	廖松濤編著	180 元
10. 速算解題技巧	宋釗宜編著	200 元
11. 看圖學英文	陳炳崑編著	200 元
12. 讓孩子最喜歡數學	沈永嘉譯	180 元
13. 催眠記憶術	林碧清譯	180 元
14. 催眠速讀術	林碧清譯	180 元
15. 數學式思考學習法	劉淑錦譯	200 元
16. 考試憑要領	劉孝暉著	180 元
17. 事半功倍讀書法	王毅希著	200 元
18. 超金榜題名術	陳蒼杰譯	200 元
19. 靈活記憶術	林耀慶編著	180 元

・實用心理學講座・電腦編號 21

1. 拆穿欺騙伎倆	多湖輝著	140 元
2. 創造好構想	多湖輝著	140 元
3. 面對面心理術	多湖輝著	160 元
4. 偽裝心理術	多湖輝著	140 元
5. 透視人性弱點	多湖輝著	140 元
6. 自我表現術	多湖輝著	180 元
7. 不可思議的人性心理	多湖輝著	180 元
8. 催眠術入門	多湖輝著	150 元
9. 責罵部屬的藝術	多湖輝著	150 元
10. 精神力	多湖輝著	150 元
11. 厚黑說服術	多湖輝著	150 元
12. 集中力	多湖輝著	150 元
13. 構想力	多湖輝著	150 元
14. 深層心理術	多湖輝著	160 元
15. 深層語言術	多湖輝著	160 元
16. 深層說服術	多湖輝著	180 元
17. 掌握潛在心理	多湖輝著	160 元
18. 洞悉心理陷阱	多湖輝著	180 元
19. 解讀金錢心理	多湖輝著	180 元
20. 拆穿語言圈套	多湖輝著	180 元
21. 語言的內心玄機	多湖輝著	180 元
22. 積極力	多湖輝著	180 元

國家圖書館出版品預行編目資料

假相與實相／心靈雅集編輯群
－初版－臺北市，大展，民 89
面；21 公分－（心靈雅集；63）
ISBN 957-468-006-1（平裝）
1. 佛教——哲學，原理
220.11　　89007246

假相與實相

ISBN 957-468-006-1

編 著 者／心靈雅集編輯群
發 行 人／蔡　森　明
出 版 者／大展出版社有限公司
社　　址／台北市北投區（石牌）致遠一路 2 段 12 巷 1 號
電　　話／(02) 28236031・28236033・28233123
傳　　真／(02) 28272069
郵政劃撥／01669551
E-mail／dah-jaan@ms9.tisnet.net.tw
登 記 證／局版臺業字第 2171 號
承 印 者／高星印刷品行
裝　　訂／日新裝訂所
排 版 者／千兵企業有限公司
初版 1 刷／2000 年（民 89 年） 7 月

定　價／200 元